GIBIZÃO DA ARQUITETURA MODERNA

ADMINISTRAÇÃO REGIONAL DO SENAC NO ESTADO DE SÃO PAULO
PRESIDENTE DO CONSELHO REGIONAL: ABRAM SZAJMAN
DIRETOR DO DEPARTAMENTO REGIONAL: LUIZ FRANCISCO DE A. SALGADO
SUPERINTENDENTE UNIVERSITÁRIO E DE DESENVOLVIMENTO: LUIZ CARLOS DOURADO

EDITORA SENAC SÃO PAULO
CONSELHO EDITORIAL:
LUIZ FRANCISCO DE A. SALGADO
LUIZ CARLOS DOURADO
DARCIO SAYAD MAIA
LUCILA MARA SBRANA SCIOTTI
LUÍS AMÉRICO TOUSI BOTELHO

GERENTE/PUBLISHER: LUÍS AMÉRICO TOUSI BOTELHO
COORDENAÇÃO EDITORIAL: VERÔNICA MARQUES PIRANI
PROSPECÇÃO: ANDREZA FERNANDES DOS PASSOS DE PAULA
          DOLORES CRISCI MANZANO
          PALOMA MARQUES SANTOS
ADMINISTRATIVO: MARINA P. ALVES
COMERCIAL: ALDAIR NOVAIS PEREIRA
COMUNICAÇÃO E EVENTOS: TANIA MAYUMI DOYAMA NATAL

TEXTO E PROJETO GRÁFICO: MARCIO MAZZA
DESENVOLVIMENTO DO PROJETO GRÁFICO: RENATA BRUNI
ASSISTENTE DE DESENVOLVIMENTO DO PROJETO GRÁFICO: DÉBORA SILVÉRIO
RESPONSÁVEL PELO LICENCIAMENTO DE IMAGENS: ROSA M. R. CASTELLO
PESQUISA ICONOGRÁFICA DA LINHA DO TEMPO: RENATA BRUNI
CRÉDITO DAS IMAGENS DA CAPA: WALTER GROUPIUS (LOUIS HELD, C. 1919);
    LE CORBUSIER (IN STEDELIJK MUSEUM SIKKENSPRIJZEN UITGEREIKT,
    LIVINUS VAN DE BUNDT – DATUM / BILSEN, JOOP VAN / ANEFO / NATIONAAL ARCHIEF);
    FRANK LLOYD WRIGHT (FOTOARENA); MIES VAN DER ROHE
    (DISPONÍVEL EM: HTTPS://WWW.WIKIART.ORG/EN/LUDWIG-MIES-VAN-DER-ROHE)
CRÉDITO DAS IMAGENS DA CONTRACAPA: AUTVIS (OBRA) E FOTO DE MICHAEL DANT
    © F.L.C/ AUTVIS, BRASIL, 2022
COORDENAÇÃO DE REVISÃO DE TEXTO: MARCELO NARDELI
IMPRESSÃO E ACABAMENTO: PIFFERPRINT

TODOS OS DIREITOS RESERVADOS À
EDITORA SENAC SÃO PAULO
AV. ENGENHEIRO EUSÉBIO STEVAUX, 823 – PRÉDIO EDITORA
JURUBATUBA – CEP 04696-000 – SÃO PAULO – SP
TEL. (11) 2187-4450
EDITORA@SP.SENAC.BR
HTTPS://WWW.EDITORASENACSP.COM.BR

© EDITORA SENAC SÃO PAULO, 2025

DADOS INTERNACIONAIS DE CATALOGAÇÃO NA PUBLICAÇÃO (CIP)
(SIMONE M. P. VIEIRA - CRB 8ª/4771)

MAZZA, MARCIO
GIBIZÃO DA ARQUITETURA MODERNA / MARCIO MAZZA. – SÃO
PAULO : EDITORA SENAC SÃO PAULO, 2025.

ISBN 978-85-396-4486-5 (IMPRESSO/2025)

1. ARQUITETURA 2. ARQUITETURA MODERNA 3. ARQUITETURA
MODERNA – HISTÓRIA I. TÍTULO.

24-2186R   CDD – 724.6
                                    BISAC ARC005080

ÍNDICE PARA CATÁLOGO SISTEMÁTICO:
1. ARQUITETURA MODERNA 724.6

GIBIZÃO DA ARQUITETURA MODERNA

MARCIO MAZZA

EDITORA SENAC SÃO PAULO – SÃO PAULO – 2025

ILUSTRAÇÃO DA BANDEIRA - PHILIPPE COLLIER

DÉBORA SILVÉRIO   RENATA BRUNI   ROSA M. R. CASTELLO

AGRADECIMENTOS

- CARLOS AUGUSTO FAGGIN
- DÉBORA SILVÉRIO
- DOLORES CRISCI MANZANO
- FAPESP
- GUTO LACAZ
- JEAN DETHIER
- LUCILA SBRANA SCIOTTI
- MARIA LUIZA ARAUJO
- PHILLIPE COLLIER
- RENATA BRUNI
- ROBERTO RONDINO
- ROSA CASTELLO NUOVO
- SERGIO TEPERMAN

PARA ELIANE...

O COMEÇO DE TUDO QUE NUNCA ACABA...

APRESENTAÇÃO

ESTAMOS CONDENADOS AO MODERNISMO.

MARCIO MAZZA NOS MOSTRA NA FORMA POP, ORIGINAL E DIVERTIDA

COMO COMEÇOU ESTA HISTÓRIA QUE PARECE NÃO TER FIM.

SEU GIBIZÃO NOS APRESENTA OUTROS TIPOS DE SUPER-HERÓIS:

OS INQUIETOS ARQUITETOS WILLIAM HENRY BARLOW, VICTOR BALTARD, WILLIAM LE BARON JENNEY, WALTER GROPIUS, MIES VAN DER ROHE, LE CORBUSIER, FRANK LLOYD WRIGHT, ENTRE OUTROS.

NÃO VOAM, NÃO FICAM VERDES E NEM SOBEM PELAS PAREDES,

MAS DA PONTA DE SUAS SILENCIOSAS LAPISEIRAS PROVOCARAM REVOLUÇÕES

DE DESENHO QUE NOS IMPACTAM ATÉ HOJE.

ASFIXIADA COM TANTO ADORNO, A ARQUITETURA PRECISAVA RESPIRAR,

LIMPAR A ÁREA, SE MODERNIZAR.

TUDO FICOU MAIS LEVE, SOLTO E LUMINOSO.

MAS O QUE É QUE O MODERNISMO TEM?

TEM TÉRREO LIVRE, TEM.

TEM BRISE-SOLEIL, TEM.

TEM PANOS DE VIDRO, TEM.

TEM PILARES EM V, TEM.

TEM RAMPAS E ESCADAS CARACOL, TEM.

TEM ESPELHOS D'ÁGUA, TEM.

TEM JARDINS NAS COBERTURAS, DIZ QUE TEM, DIZ QUE TEM, DIZ QUE TEM.

GIBIZÃO VAI TE ENCANTAR

POIS CHEGOU PARA FICAR.

GUTO LACAZ
Arquiteto e artista plástico

INTRODUÇÃO

O BRASIL É UM PAÍS DE MUITAS PRIMAZIAS AO AVESSO: FOI O ÚLTIMO PAÍS AMERICANO A ABOLIR A ESCRAVATURA, O ÚLTIMO IMPÉRIO AMERICANO, O ÚLTIMO PAÍS A PROCLAMAR A REPÚBLICA NA AMÉRICA – GOSTAMOS DE SER OS ÚLTIMOS! HÁ TAMBÉM UMA OUTRA CARACTERÍSTICA MUITO BRASILEIRA QUE PODE SER CONSIDERADA O CONTRÁRIO DO CONTRÁRIO: NÃO DAMOS A MENOR BOLA PARA AS NOSSAS VERDADEIRAS PRIMAZIAS, ELAS SÃO LOGO ESQUECIDAS.

UM EXEMPLO: TIVEMOS POR AQUI GRANDES INVENTORES E GRANDES INVENÇÕES. O CÂMBIO AUTOMÁTICO DOS AUTOMÓVEIS, QUE HOJE EQUIPA A MAIORIA DOS VEÍCULOS FABRICADOS NO MUNDO, FOI INVENTADO POR DOIS ENGENHEIROS BRASILEIROS, JOSÉ BRAZ ARARIPE (TIO-AVÔ DO ESCRITOR PAULO COELHO) E FERNANDO LEMOS. OS DOIS LEVARAM SEU INVENTO EM 1932 PARA A GENERAL MOTORS, EM DETROIT, QUE COMPROU A PATENTE E A CHAMOU DE HYDRA-MATIC. O PRIMEIRO AUTOMÓVEL A USAR UM CÂMBIO AUTOMÁTICO FOI O OLDSMOBILE 1940, E LEMOS E ARARIPE NÃO TIVERAM DE SE PREOCUPAR COM DINHEIRO PELO RESTO DA VIDA.

A INVENÇÃO DO AVIÃO AUTÔNOMO, O PRIMEIRO A DECOLAR COM SEU PRÓPRIO MOTOR, DEVEMOS A ALBERTO SANTOS-DUMONT; E TAMBÉM FOI ELE UM DOS IDEALIZADORES DO RELÓGIO DE PULSO, TENDO CONCEBIDO E ENCOMENDADO A SEU AMIGO LOUIS-FRANÇOIS CARTIER UM MODELO QUE SERIA PRECURSOR DOS RELÓGIOS MODERNOS, ETERNIZADO COM O NOME DE RELÓGIO SANTOS. A SANTOS-DUMONT DEVEMOS AINDA A INVENÇÃO DO PRIMEIRO AVIÃO PRÉ-FABRICADO: O DEMOISELLE, QUE É, PARA MIM, UM DOS MAIS BELOS AVIÕES INVENTADOS NO MUNDO.

SÃO COISAS NOSSAS, ENTREGUES AO ESQUECIMENTO. TAMBÉM O GIBI, HOMENAGEADO COM A PUBLICAÇÃO DO GIBIZÃO DA ARQUITETURA MODERNA, FOI INVENTADO NO BRASIL. MAS QUE INVENÇÃO É ESSA? BEM, O PRIMEIRO GIBI CRIADO FOI "AS AVENTURAS DE NHÔ QUIM", NA REVISTA VIDA FLUMINENSE, EM 30 DE JANEIRO DE 1869 – E POR ISSO 30 DE JANEIRO É O DIA NACIONAL DAS HISTÓRIAS EM QUADRINHOS. SURGIU POR OBRA DE ÂNGELO AGOSTINI, EDITOR ÍTALO-BRASILEIRO DEDICADO À SÁTIRA POLÍTICA. A GRANDE NOVIDADE É QUE ÂNGELO TEVE A IDEIA DE ASSOCIAR AOS TEXTOS DAS SÁTIRAS DESENHOS E CARICATURAS, ALÉM DE CRIAR PERSONAGENS (NHÔ QUIM E ZÉ CAIPORA FORAM OS PRIMEIROS). MAIS TARDE SURGIRAM OUTRAS REVISTAS, SENDO ALGUMAS FAMOSAS, COMO O MALHO, DON QUIXOTE E TICO-TICO.

JÁ "GIBI" ERA COMO SE CHAMAVA UMA REVISTA EM QUADRINHOS LANÇADA EM 1939. NOS PRIMÓRDIOS, O TERMO ERA UMA GÍRIA PEJORATIVA QUE SIGNIFICAVA "GAROTO NEGRINHO". COM O TEMPO, PASSOU A SER USADO PARA DESIGNAR OS GAROTOS QUE VENDIAM JORNAIS NA RUA, SENDO ESSA A INSPIRAÇÃO PARA QUE A REVISTA O ADOTASSE COMO TÍTULO PARA A SUA PUBLICAÇÃO. NA CAPA DA REVISTA, AO LADO DO NOME, APARECIA A IMAGEM DE UM MENININHO NEGRO, O GIBI. APESAR DA ORIGEM CONTROVERSA, O TERMO FOI BASTANTE DIFUNDIDO NA ÉPOCA E, COM O SUCESSO DA REVISTA, PASSOU A SER EMPREGADO COMO SINÔNIMO PARA QUALQUER REVISTA DE HISTÓRIA EM

QUADRINHOS. E NÃO SÓ ISSO: DEU ORIGEM À EXPRESSÃO "NÃO ESTAR NEM NO GIBI", USADA AINDA HOJE COMO SINÔNIMO DE ALGUMA COISA INIMAGINÁVEL OU INACREDITÁVEL.

MAS AS COISAS NÃO FORAM TÃO FÁCEIS ASSIM PARA OS GIBIS. SE POR UM LADO APARECERAM COMO UM INSTRUMENTO PODEROSO PARA POPULARIZAR A CULTURA URBANA ATÉ PARA PESSOAS COM POUCA FORMAÇÃO ESCOLAR, POR OUTRO ERAM TIDOS COMO NOCIVOS AO HÁBITO DA LEITURA, DA DIVULGAÇÃO DO CONHECIMENTO E DO ENSINO. NÃO RAROS SÃO OS CASOS DE PAIS QUE PROIBIRAM SEUS FILHOS DE LER GIBIS, ALEGANDO QUE, POR TER IMAGENS, AS CRIANÇAS FICARIAM COM PREGUIÇA DE PRATICAR A LEITURA.

NO UNIVERSO DA ARQUITETURA MODERNA O GIBI PODE SE TRANSFORMAR EM UMA FERRAMENTA IMPORTANTE PARA RESOLVER UM IMPASSE QUE INCOMODA SOBRETUDO NO BRASIL – ONDE ESSE TIPO DE ARQUITETURA SE APRESENTA COMO UM ESTILO INFINITO E PERMANENTE, MESMO SENDO O JOGO SÁBIO, GLORIOSO E MAGNÍFICO DE VOLUMES SOB A LUZ DO SOL, COMO DIZIA LE CORBUSIER – : A ARQUITETURA MODERNA PARECE NUNCA TER FIM.

O GIBIZÃO DA ARQUITETURA MODERNA PODE CONTRIBUIR PARA A SOLUÇÃO DESSE IMPASSE NA MEDIDA EM QUE SE DIRIGE A QUATRO GRUPOS DE LEITORES QUE O AUTOR, MARCIO MAZZA, ASSINALA COM CLAREZA: JOVENS QUE QUEIRAM SE INSPIRAR EM UM ASSUNTO INTERESSANTE; LEIGOS INTERESSADOS NESSE TEMA TÃO ENVOLVENTE; ESTUDANTES DE ARQUITETURA, PARA QUE PERCEBAM QUE A HISTÓRIA PODE SER MAIS PROFUNDA DO QUE UM SIMPLES VERNIZ CULTURAL; E ARQUITETOS QUE DESEJAM VER UMA HISTÓRIA, JÁ MAIS OU MENOS CONHECIDA, CONTADA DE UMA OUTRA MANEIRA. O PERÍODO MODERNO DA ARQUITETURA, DO URBANISMO E DO DESIGN É SEM DÚVIDA AQUELE SOBRE O QUAL MAIS SE ESCREVEU NA HISTÓRIA: LIVROS E LIVROS A NÃO MAIS PODER. MAS FALTAVA UM GIBI, E AQUI ESTÁ ELE!

O GIBI TEM UMA CARACTERÍSTICA INVENCÍVEL: NELE AS IMAGENS SUPERAM A IMPORTÂNCIA DOS TEXTOS E CONSAGRAM A CULTURA CONTEMPORÂNEA, QUASE SÓ FEITA DE IMAGENS. O GIBIZÃO DA ARQUITETURA MODERNA VAI CUIDAR DE DAR UM DIGNO DESTINO À ARQUITETURA MODERNA QUE, AQUI NO BRASIL, SEM DÚVIDA ESTAVA A MERECER UMA LEITURA CRÍTICA INADIÁVEL FEITA A PARTIR DA ANÁLISE DAS SUAS IMAGENS.

CARLOS FAGGIN

Arquiteto, urbanista e designer pela FAU-USP
Doutor em estruturas ambientais urbanas
Professor livre-docente da FAU-USP
Presidente do CONDEPHAAT
Titular do escritório de arquitetura
FGGM Arquitetos em São Paulo

MAS... O QUE É O GIBIZÃO?!

OLÁ! EU SOU O MODULOR. FUI CRIADO PELO ARQUITETO LE CORBUSIER EM 1943 PARA ESTUDAR AS PROPORÇÕES DO CORPO HUMANO EM RELAÇÃO À ARQUITETURA E AO MOBILIÁRIO. SOU UM SÍMBOLO DO MODERNISMO.

ESTE É UM LIVRO SOBRE A HISTÓRIA DA ARQUITETURA MODERNA PARA:

• JOVENS
• LEIGOS
• FUTUROS ARQUITETOS
• ARQUITETOS

PARA QUE JOVENS POSSAM SE INSPIRAR EM UM ASSUNTO INTERESSANTE, MÁGICO, ATRAVÉS DE UMA LINGUAGEM FAMILIAR E LÚDICA.

PARA LEIGOS INTERESSADOS NESSE ASSUNTO TÃO ENVOLVENTE MAS MUITAS VEZES INTIMIDADOS POR UM ARQUITETÊS CHATO, ÁRIDO, QUE ESPANTA DO QUE SE...

O MODULOR APARECEU PELA PRIMEIRA VEZ CONCRETADO NAS FACHADAS DA UNIDADE DE HABITAÇÃO DE MARSELHA, NA FRANÇA, CONSTRUÍDA NO FINAL DOS ANOS 1940. LÁ QUE AS PROPORÇÕES DO MODULOR FORAM APLICADAS PELA PRIMEIRA VEZ.

ESSAS PROPORÇÕES FORAM BASEADAS INICIALMENTE NA ALTURA MÉDIA DE UM HOMEM FRANCÊS – 1,75 M. DEPOIS, LE CORBUSIER RESOLVEU MUDAR PARA OS MÍTICOS 6 PÉS – 1,83 M – DOS HERÓIS DAS HISTÓRIAS POLICIAIS INGLESAS... VAI ENTENDER!

EM TODAS AS CIVILIZAÇÕES, AS PROPORÇÕES HUMANAS SEMPRE FORAM OBJETO DE ESTUDO DAS ARTES E DAS CIÊNCIAS.

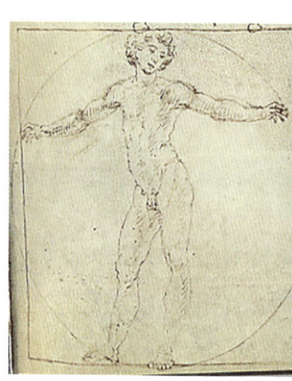

Homem Vitruviano
Francesco di Giorgio
c. 1480

PARA *FUTUROS ARQUITETOS* PERCEBEREM QUE A HISTÓRIA PODE SER MAIS ENVOLVENTE E INTERESSANTE DO QUE UM SIMPLES VERNIZ CULTURAL; O PASSADO PODE [E]NSINAR A PROJETAR O FUTURO.

PARA *ARQUITETOS* VEREM UMA HISTÓRIA JÁ CONHECIDA, QUEM SABE NEM POR TODOS, CONTADA DE UMA OUTRA MANEIRA.

ENFIM: É PARA QUEM CONHECE ARQUITETURA PODER SE LAMBUZAR; E PARA QUEM NÃO CONHECE, SE APAIXONAR E SE DEIXAR SEDUZIR SEM OS JARGÕES TÃO COMUNS E PERTINENTES A TEXTOS TÉCNICOS E ACADÊMICOS.

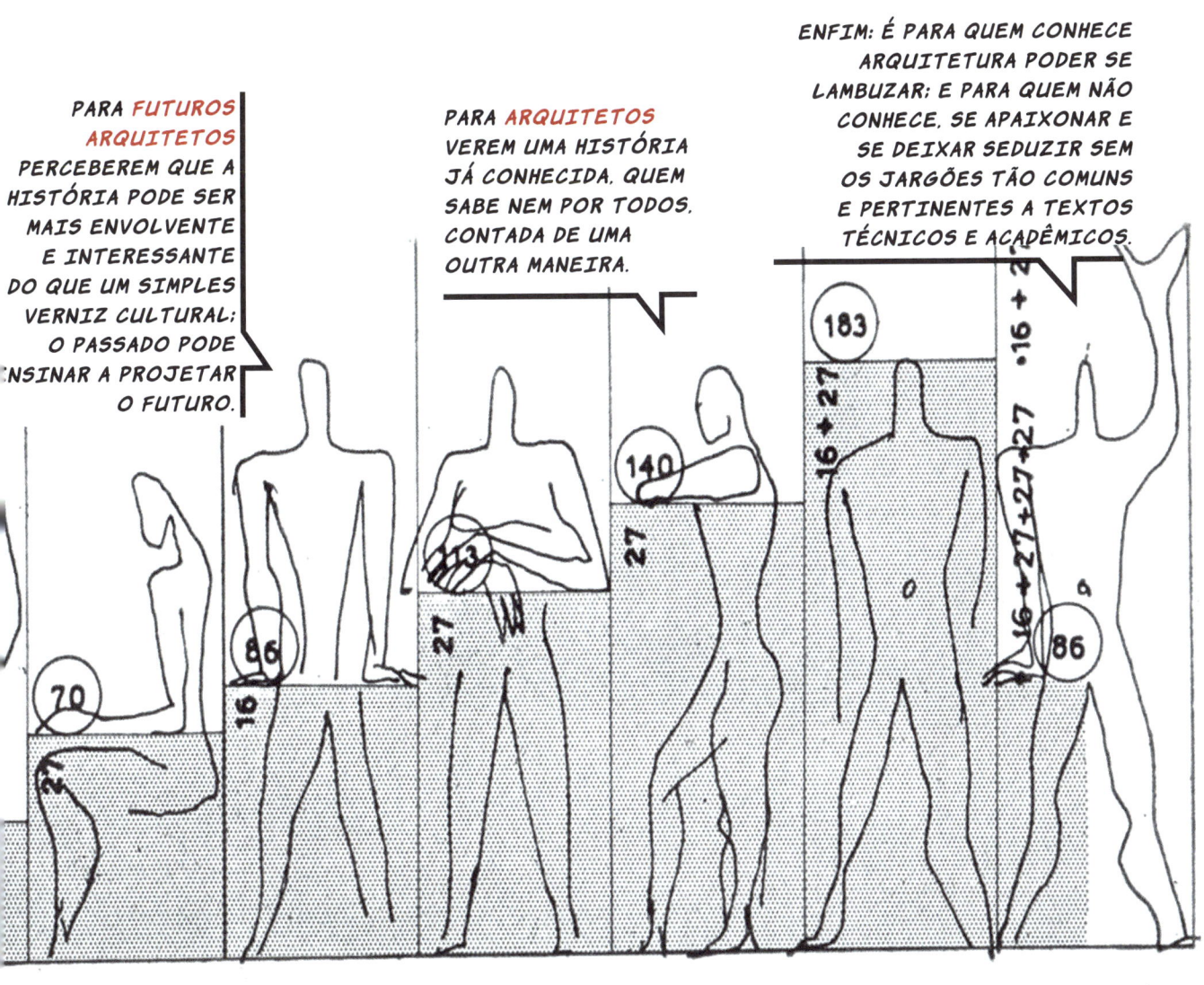

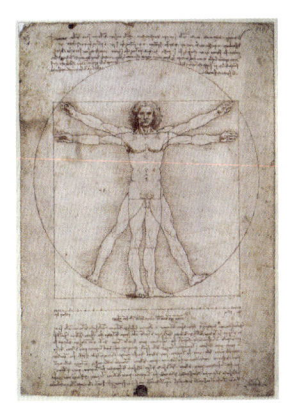

Homem Vitruviano
Leonardo da Vinci
c. 1490

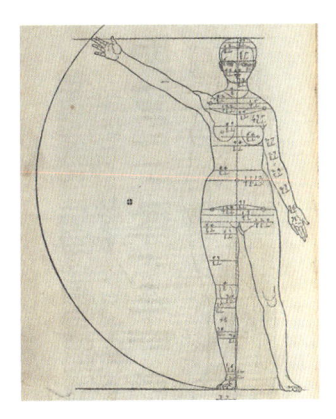

Mulher Vitruviana
Albrecht Dürer
1528

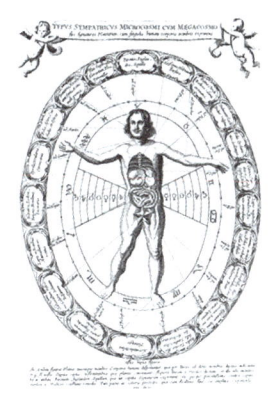

Homem Vitruviano
Athanasius Kircher
1665

MEU HOMINHO SERÁ MUITO MAIS ÚTIL (E BADALADO) DO QUE ESSE MONTE DE CARINHAS METIDOS A HOMENS UNIVERSAIS... HEHEHE...

Le Corbusier em 1964

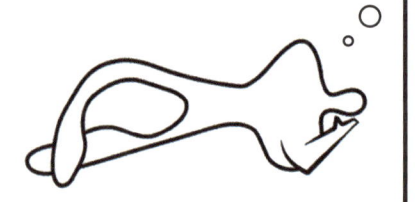

QUANTO MAIS AS PESSOAS SE APAIXONAREM POR ARQUITETURA, MAIS VÃO APROVEITAR E VALORIZAR O TRABALHO DOS ARQUITETOS. COM ISSO A DEMANDA POR BOA ARQUITETURA AUMENTA E FAZ COM QUE NOSSAS CIDADES SEJAM MAIS HUMANAS, BONITAS E AGRADÁVEIS, PERMITINDO QUE O PRAZER DE MORAR EM UMA CIDADE SEJA CADA VEZ MAIOR E QUE A QUALIDADE DE VIDA URBANA DE TODOS POSSA SER CADA VEZ MELHOR.

MAS... O QUE É ARQUITETURA?!

SEGUNDO ALGUMAS FIGURAÇAS DESSA HISTÓRIA:

A ARQUITETURA É A ARTE QUE DISPÕE E ADORNA DE TAL FORMA AS CONSTRUÇÕES ERGUIDAS PELO HOMEM, PARA QUALQUER USO, QUE VÊ-LAS PODE CONTRIBUIR PARA SUA SAÚDE MENTAL, PODER E PRAZER.

A ARQUITETURA NÃO É APENAS CONSTRUÇÃO, MAS ESPAÇO, COM A FUNÇÃO DE ESTIMULAR O HUMOR E O ESTADO DE ESPÍRITO DO HOMEM.

A ARQUITETURA É O JOGO SÁBIO, GLORIOSO E MAGNÍFICO DE VOLUMES SOB A LUZ DO SOL.

ARQUITETURA É ANTES DE MAIS NADA CONSTRUÇÃO, MAS CONSTRUÇÃO CONCEBIDA COM O PROPÓSITO PRIMORDIAL DE ORDENAR E ORGANIZAR O ESPAÇO PARA DETERMINADA FINALIDADE E VISANDO A DETERMINADA INTENÇÃO.

ILUSTRAÇÃO DO ARQUITETO ROBERTO RONDINO

ILUSTRAÇÃO DO ARQUITETO ROBERTO RONDINO

ILUSTRAÇÃO DO ARQUITETO ROBERTO RONDINO

ILUSTRAÇÃO DO ARQUITETO ROBERTO RONDINO

JOHN RUSKIN
(1819-1900)

Intelectual inglês do século 19. Guarde este nome! Ele aprontou muito, vamos ver mais pra frente.

ADOLF LOOS
(1870-1933)

Arquiteto austríaco autor de "Ornamento e delito" (1908), já dizia que o ornamento era um crime, e falava em humor para qualificar a boa arquitetura.

LE CORBUSIER
(1887-1965)

Arquiteto franco-suíço. Até os dias atuais, é o mais influente dentro da Arquitetura Moderna.

LÚCIO COSTA
(1902-1998)

Arquiteto e urbanista brasileiro, autor do plano urbanístico de Brasília.

A ARQUITETURA É A ARTE DE DESPERDIÇAR ESPAÇOS
PHILIP JOHNSON
1906-2005

FORMA SEGUE A FUNÇÃO
LOUIS SULLIVAN
1856-1924

ARQUITETURA É MÚSICA PETRIFICADA
J. W. VON GOETHE
1749-1832

FORMA SEGUE FIASCO
PETER BLAKE
1920-2006

É PRECISO FAZER CANTAR O PONTO DE APOIO
AUGUSTE PERRET
1874-1954

DEUS ESTÁ NOS DETALHES
L. MIES VAN DER ROHE
1886-1969

NÃO ENTENDO QUEM TEM MEDO DOS VÃOS LIVRES. O ESPAÇO FAZ PARTE DA ARQUITETURA
OSCAR NIEMEYER
1907-2012

MENOS É MAIS APENAS QUANDO O MAIS É DEMAIS
FRANK LLOYD WRIGHT
1867-1959

EU NÃO PROJETO EDIFÍCIOS BACANAS - NÃO GOSTO DELES. GOSTO DA ARQUITETURA QUE TEM UM ASPECTO CRU, VITAL E TELÚRGICO
ZAHA HADID
1950-2016

ORMA SEGUE O LUCRO: O PRINCÍPIO ESTÉTICO E NOSSOS TEMPOS
ICHARD ROGERS
733-2021

MENOS É CHATO
ROBERT VENTURI
1935-2018

NÃO SEI PORQUE AS PESSOAS CONTRATAM ARQUITETOS DEPOIS DIZEM A ELES O QUE FAZER
FRANK GEHRY
1929

ORNAMENTO É UM CRIME
ADOLF LOOS
1870-1933

O OBJETIVO DA ARQUITETURA É AMPARAR A IMPREVISIBILIDADE DA VIDA
PAULO MENDES DA ROCHA
1928-2021

A ARQUITETURA QUE LEMBRAMOS É AQUELA QUE JAMAIS NOS CONSOLA OU NOS CONFORTA
PETER EISENMAN
1932

RESUMINDO

A PARTIR DE TODAS ESSAS DEFINIÇÕES DE ARQUITETOS, HISTORIADORES E CRÍTICOS, EU RESUMIRIA QUE ARQUITETURA É, MAIS OU MENOS, UMA ARTE QUE SE EXPRESSA ATRAVÉS DA CONSTRUÇÃO, UNINDO A BELEZA E A FUNCIONALIDADE DE UM EDIFÍCIO.

UM EDIFÍCIO QUE SEJA SÓ BELO E NÃO PREENCHA EFICIENTEMENTE A FUNÇÃO PARA O QUAL FOI CONSTRUÍDO NÃO PODE SER CONSIDERADO DE BOA ARQUITETURA.

ASSIM COMO UM EDIFÍCIO QUE SÓ SE PREOCUPE EM ATENDER A FUNCIONALIDADE SEM PREOCUPAÇÕES COM A QUALIDADE E BELEZA DOS ESPAÇOS TAMBÉM NÃO É BOA ARQUITETURA; ALIÁS, NEM ARQUITETURA É.

O QUE A GENTE VÊ POR AÍ HOJE... OU SÃO...

1. EDIFÍCIOS ESTILOSOS – NEOCLÁSSICO, NEOCOLONIAL, NEOTIBETANO... – NEO QUALQUER COISA, TIPO OS FAMOSOS BOLOS DE NOIVAS, QUE QUEREM IMITAR A BELEZA DA ARQUITETURA DA ANTIGUIDADE, E ACHAM QUE COPIAR OS ESTILOS DE SÉCULOS ANTERIORES VAI RESOLVER A "BELEZA" DAS SUAS CONSTRUÇÕES BREGAS E SEM SIGNIFICADO PARA A VIDA QUE LEVAMOS HOJE EM PLENO SÉCULO 21. OU...

2. UMA FUNCIONALIDADE ATÉ PRIMITIVA, TOTALMENTE DESPROVIDA DE ARQUITETURA E QUE DESCONHECE COMO É SIMPLES CONSTRUIR A MESMA COISA, SÓ QUE PRODUZINDO ESPAÇOS BACANAS QUE INSPIREM E PROVOQUEM SURPRESAS, EMOÇÕES E PRAZER.

A beleza da arquitetura de um capitel grego tem a sua lógica e magia numa construção grega do século 5 a.C. Copiá-lo num edifício residencial do século 21 em São Paulo é imaginar que moramos num palácio grego e vivemos numa cidade com cenário de 26 séculos atrás.

CONJUNTOS HABITACIONAIS QUASE ABANDONADOS OU FACHADAS ANÔNIMAS E ASSÉPTICAS PROVOCAM MUITO MAIS TRISTEZA, DESOLAÇÃO E DESÂNIMO... DO QUE PRAZER E DO QUE QUALIDADE DE VIDA. O ARQUITETO WALTER GROPIUS SE REFERIA A ESSE TIPO DE CONSTRUÇÃO NÃO COMO MODUS VIVENDI, MAS COMO MODUS NÃO MORRENDI... TUDO É EXECUTADO SEM UM PROJETO DE ARQUITETURA E URBANISMO... OU COM UM PROJETO EM QUE FALTA EMOÇÃO, TOTALMENTE SEM RESPEITO ÀS PESSOAS.

 A BOA ARQUITETURA NÃO PRECISA DE MATERIAIS LUXUOSOS PARA SER BOA NEM DE MUITAS FORMAS OU ORNAMENTOS... ELA DISPENSA TUDO ISSO.

 A BOA ARQUITETURA É BOA POR BUSCAR A BELEZA NA FUNCIONALIDADE DE SEUS ESPAÇOS, NA LIMPEZA E PROPORÇÃO DE SUAS FORMAS, NA CLAREZA DE SUAS ESTRUTURAS.

Centre Pompidou. Renzo Piano e Richard Rogers, Paris, 1977

 A BOA ARQUITETURA NÃO PRECISA SER DECORADA COM ELEMENTOS QUE NADA TÊM A VER COM A TECNOLOGIA DO SEU TEMPO... ELA SABE USAR A LUZ E A SOMBRA.

 ELA ESTÁ SEMPRE EM SINTONIA COM O COTIDIANO ESTÉTICO, TECNOLÓGICO E SOCIAL DE SUA ÉPOCA.

FAU-USP. Vilanova Artigas, São Paulo, 1969

A BOA ARQUITETURA JUSTAMENTE NÃO SE PREOCUPA EM SER SÓ "BELA" OU SÓ FUNCIONAL... A BELEZA É... CONSEQUÊNCIA... EXPRESSA... EXTRAÍDA DA FUNÇÃO, CORRETAMENTE RESOLVIDA PARA ATENDER O PROGRAMA DO EDIFÍCIO A SER PROJETADO... SEJA UMA CASA OU UM HOSPITAL OU UM SHOPPING CENTER... E ESSE É O GRANDE IMBRÓGLIO DESSA PROFISSÃO... OS ARQUITETOS PROCURAM A MELHOR SOLUÇÃO, CRIANDO AS PLANTAS - NA MAIORIA DAS VEZES SE COMEÇA PELAS PLANTAS - PARA ATENDER AQUELAS FUNÇÕES ESPECÍFICAS DO SEU PROJETO... E AO MESMO TEMPO ESTÃO PENSANDO EM:

ORIENTAÇÃO DO SOL, DIREÇÃO DOS VENTOS, FORMA E INCLINAÇÃO DO TERRENO, VIZINHANÇA, QUALIDADE DO SOLO, SOLUÇÃO ESTRUTURAL, GRANA DO CLIENTE, TEMPO DISPONÍVEL... QUALIDADE DOS ESPAÇOS INTERNO E EXTERNO... LUZ, SOMBRA, RELEVO, TEXTURA, MATERIAIS, COR, VOLUMES, CHEIOS, VAZIOS... COMO SE NÃO BASTASSE, DEPOIS DISSO TUDO, AINDA PRECISA FICAR "UM ARRASO!", "LIIIINDO", "UMA MARAVILHA!!!".

É DESSA ARQUITETURA QUE VAMOS FALAR AQUI: A QUE É FEITA COM EMOÇÃO E EM HARMONIA COM O SEU TEMPO; A QUE SEDUZ E ENCANTA AS PESSOAS.

NESSA "NOSSA" HISTÓRIA, NÓS VAMOS NOS LIGAR BASTANTE EM DESENHOS E UM POUCO EM TEORIAS... MAIS EM EDIFÍCIOS E MENOS EM MANIFESTOS, MAIS EM TRAÇOS E MENOS EM PALAVRAS. NÃO QUE NÃO SEJAM IMPORTANTES, MAS PORQUE A ARQUITETURA ACONTECE ATRAVÉS DA CONSTRUÇÃO, POR MAIS ARQUITETOSAS QUE ELAS POSSAM SER E POR MAIS IMPORTANTE QUE POSSAM SER PARA A FORMAÇÃO DE UM PENSAMENTO CRÍTICO NA FORMAÇÃO DOS ARQUITETOS.

É QUE OS EDIFÍCIOS QUE ILUSTRAM ESSA NOSSA HISTÓRIA JÁ ESTÃO IMPREGNADOS DESSAS TEORIAS – VAMOS VER MUITOS –, E ELES ILUSTRAM MUITO BEM OS PRINCIPAIS TEXTOS E SLOGANS QUE FORAM CRIADOS NESSE PERÍODO DE UNS 250 ANOS PRA CÁ... OU SEJA, DESDE O INÍCIO DA REVOLUÇÃO INDUSTRIAL NA INGLATERRA – INÍCIO DO SÉCULO 18 – ATÉ "OS COMEÇOS" DA 2ª GUERRA MUNDIAL, NOS ANOS 1940.

Croqui de estudo para a Unidade de Habitação de Marselha.
Le Corbusier, França, 1947

PREFIRO DESENHAR DO QUE FALAR.
O DESENHO É MAIS RÁPIDO E
DEIXA MENOS ESPAÇO PARA MENTIRAS.

Le Corbusier

A ARQUITETURA PASSOU POR DIVERSOS MOMENTOS POLÍTICOS E HISTÓRICOS, POR DIFERENTES ESTILOS E TRADIÇÕES, ATÉ CHEGARMOS AO INÍCIO DA ARQUITETURA MODERNA TAL QUAL, OU QUASE, A ENTENDEMOS HOJE. ISSO PORQUE, APESAR DE JÁ EXISTIR HÁ UNS 100 ANOS – VEJA BEM, HÁ CONTROVÉRSIAS... –, AINDA HOJE SE FAZ MUITA ARQUITETURA MODERNA. E BOA, INCLUSIVE AQUI NO BRASIL.

COMO DISSE O CÉLEBRE FILÓSOFO E SOCIÓLOGO ALEMÃO JÜRGEN HABERMAS (1929-), NOS ANOS 1980:

A MODERNIDADE É AINDA UM PROJETO INCABADO.

OU SEJA...

A COISA AINDA ESTÁ ROLANDO.

OS PRINCIPAIS HISTORIADORES, DE ACORDO COM SEUS ESTUDOS, CONVICÇÕES POLÍTICO-CULTURAIS, HUMOR (SIM, HUMOR TAMBÉM CONTA!) E INTERPRETAÇÕES – ÀS VEZES MUITO LOUCAS –, APONTAM DIFERENTES MOMENTOS OU ACONTECIMENTOS HISTÓRICOS COMO MARCO DO INÍCIO DA ARQUITETURA MODERNA, TAMBÉM CHAMADO, DEPENDENDO DO OLHAR DO HISTORIADOR, DE INÍCIO DO MOVIMENTO MODERNO EM ARQUITETURA. OU SEJA, DOS ESTILOS DO PASSADO, FOMOS PASSANDO PARA UM RACIOCÍNIO MODERNO DE:

- PROJETAR O MEIO AMBIENTE CONSTRUÍDO, EM ARQUITETÊS, PARA OS ARQUITETOS E ESTUDANTES;

- PROJETAR OS ESPAÇOS CONSTRUÍDOS, PARA OS LEIGOS;

- PROJETAR AS CASAS E OS PRÉDIOS, PARA OS JOVENS – QUE É REALMENTE DO QUE SE TRATA.

NESSAS NOSSAS HISTÓRIAS, VAMOS FIXAR NOS ACONTECIMENTOS QUE FORAM APONTADOS PELA GRANDE MAIORIA DOS HISTORIADORES - LEMBRE-SE DE QUE CADA UM DEFENDE O SEU QUINTAL - COMO PROVÁVEL PONTO DE PARTIDA PARA UMA NOVA ARQUITETURA MODERNA. E VAMOS VER QUE SÃO MUITOS...

A REVOLUÇÃO INDUSTRIAL

VAMOS LOGO ESCLARECENDO QUE, DIFERENTE DO QUE PODE PARECER, NÃO FOI UMA REVOLUÇÃO DE ARMAS, GUERRAS OU SANGUE; FOI UMA REVOLUÇÃO DE TRABALHO, FERRAMENTAS E INVENÇÕES. A REVOLUÇÃO INDUSTRIAL – R. I., PARA OS ÍNTIMOS – É ASSIM CHAMADA PORQUE MUDOU O SISTEMA DE VIDA DA SOCIEDADE: ATÉ ENTÃO RURAL E ARTESANAL, ELA SE TORNOU UMA SOCIEDADE URBANA E INDUSTRIAL DURANTE OS SÉCULOS 18 E 19.

ISSO TUDO COMEÇOU NA INGLATERRA E DEPOIS SE ESPALHOU PELA EUROPA OCIDENTAL. FOI UMA REVOLUÇÃO NO SENTIDO DAS MUDANÇAS TÉCNICAS, ECONÔMICAS, SOCIAIS, POLÍTICAS E, CONSEQUENTEMENTE, CULTURAIS QUE ELA ORIGINOU. A R. I. FOI UM DIVISOR DE ÁGUAS NA HISTÓRIA DA HUMANIDADE E, PARA MUITOS HISTORIADORES, MARCA O INÍCIO DO MUNDO MODERNO.

DE MODO GERAL, TODOS CONCORDAM QUE A REVOLUÇÃO INDUSTRIAL TEVE INÍCIO NA INGLATERRA, NA METADE DO SÉCULO 18, E FOI ATÉ APROXIMADAMENTE A METADE DO SÉCULO 19. ESSE PERÍODO FOI MARCADO POR 2 ACONTECIMENTOS IMPORTANTES:

A DESCOBERTA DO CARVÃO MINERAL...

A SUBSTITUIÇÃO DO CARVÃO VEGETAL – ESSE MESMO, QUE NÓS USAMOS PRO NOSSO CHURRASCO E VEM DA QUEIMA DE ÁRVORES – PELO CARVÃO MINERAL OU CARVÃO DE PEDRA (QUE PARECE MESMO UMA PEDRA MEIO PRETA OU MARROM), NO COMEÇO DO SÉCULO 18, NA INGLATERRA, MELHOROU EM MUITOS ASPECTOS A PRODUÇÃO DE PEÇAS DE FERRO COMO ARMAS, MÁQUINAS, FERRAMENTAS E PEÇAS PARA CONSTRUÇÃO.

O FERRO FUNDIDO ERA USADO NA CONSTRUÇÃO DESDE O SÉCULO 12 NA FORMA DE PEQUENAS PEÇAS, COMO ELEMENTOS COMPLEMENTARES ÀS ESTRUTURAS DE MADEIRA OU PEDRA PREDOMINANTES NA ÉPOCA. NÃO EXISTIAM AINDA AS BASES DO CÁLCULO ESTRUTURAL PARA AS CONSTRUÇÕES METÁLICAS, E O FERRO PRODUZIDO COM O CARVÃO VEGETAL ERA MUITO FRACO PARA SUPORTAR GRANDES CARGAS E ESTRUTURAS. SOMENTE COM O USO DO CARVÃO MINERAL É QUE FOI POSSÍVEL TER INÍCIO A ERA DA ARQUITETURA METÁLICA.

... E A INVENÇÃO DA MÁQUINA A VAPOR!!!

MAIS OU MENOS EM 1770, A INVENÇÃO DA MÁQUINA A VAPOR MUDOU COMPLETAMENTE O JEITO DE SE FABRICAR PRODUTOS QUE, DE ARTESANAIS, PASSARAM A SER "INDUSTRIAIS". NO INÍCIO DO SÉCULO 19, FOI CRIADO O TRANSPORTE FERROVIÁRIO, COM O TREM MOVIDO A VAPOR (1825). A MARIA-FUMAÇA, QUE ATÉ HOJE É USADA EM ALGUMAS FERROVIAS PELO MUNDO AFORA, INCLUSIVE NO BRASIL, É EXATAMENTE DESSA ÉPOCA.

PARA CONTEXTUALIZAR RAPIDAMENTE OS GRANDES MOMENTOS ARQUITETÔNICOS QUE VAMOS VER, ESTA LINHA DO TEMPO VAI, MAIS OU MENOS, NOS ACOMPANHAR MOSTRANDO O QUE ACONTECEU NO MUNDO NESSES 250 ANOS.

1701

INÍCIO DA **GUERRA DE SUCESSÃO ESPANHOLA**, ENTRE MONARQUIAS EUROPEIAS, EM TORNO DA HERANÇA DA COROA DA ESPANHA

NO COMEÇO DO SÉCULO 18, EM 1709, ABRAHAM DARBY I (1678-1717) INICIOU LÁ NO INTERIOR DA INGLATERRA, EM COALBROOKDALE – O NOME, ALIÁS, DIZ TUDO, JÁ QUE "COAL" É CARVÃO EM INGLÊS –, A PRIMEIRA FUNDIÇÃO UTILIZANDO CARVÃO MINERAL. O PROCESSO FOI APERFEIÇOADO POR SUA FAMÍLIA ATRAVÉS DE VÁRIAS GERAÇÕES – ESSES DARBYS ERAM MESMO FERAS NA ÁREA. JUNTO A OUTRAS FUNDIÇÕES, ELES CONTRIBUÍRAM NO TRANSCORRER DE TODO O SÉCULO 18 PARA O AVANÇO DA INDÚSTRIA METALÚRGICA NA INGLATERRA E EM TODO O RESTO DA EUROPA.

ESSA INOVAÇÃO BENEFICIOU MUITO A INGLATERRA, QUE POSSUÍA INÚMERAS MINAS DE CARVÃO MINERAL BEM PRÓXIMAS ÀS JAZIDAS DE MINÉRIO DE FERRO. NA ÉPOCA, ERA O PAÍS MAIS AVANÇADO DO MUNDO.

Pintura representando uma típica mina de carvão na Inglaterra do século 19

1709
CRIAÇÃO DO PIANO NA ITÁLIA, POR BARTOLOMEO CRISTOFORI

1710
O PARLAMENTO INGLÊS APROVA A **LEI DO DIREITO DE CÓPIA**, HOJE REPRESENTADO PELO SÍMBOLO ©

A INGLATERRA NÃO ERA O ÚNICO PAÍS A PRODUZIR PEÇAS DE FERRO, MAS FOI O PRIMEIRO A FAZER ISSO EM GRANDES ESCALAS INDUSTRIAIS E COM QUALIDADE MUITO SUPERIOR À DE SEUS CONCORRENTES.

JÁ O NETO DE DARBY I, ABRAHAM DARBY III, CONSTRUIU NESSA MESMA CIDADEZINHA, UNS 70 ANOS DEPOIS (1777-1779), A PRIMEIRA PONTE DE FERRO FUNDIDO DA HISTÓRIA: A PONTE SOBRE O RIO SEVERN, COM UM ESPANTOSO VÃO – PARA A ÉPOCA – DE APENAS 30,6 M.

Abraham Darby I

Tipo de fornalha utilizada por Darby III para fundir a Iron bridge

South Wales Industrial Landscape. Pintura de Penry Williams, Inglaterra, século 19

1712
MÁQUINA **ATMOSFÉRICA** É CRIADA POR THOMAS NEWCOMEN, PRECURSORA DA MÁQUINA A VAPOR

1719
DANIEL DEFOE ESCREVE NA INGLATERRA O ROMANCE **ROBINSON CRUSOÉ**

1720
ANTONIO VIVALDI COMPÕE O CONCERTO **AS QUATRO ESTAÇÕES**, PUBLICADO EM AMSTERDÃ

Estudos de Pritchard para
pontes de ferro, 1773-1775

Design of a Bridge constructed on a Cast Iron Centre

SEM NENHUM EXEMPLO PARA BASEAR SEU PROJETO
E OS CÁLCULOS ESTRUTURAIS – PINOS, REBITES, PARAFUSOS E
SOLDAS AINDA NÃO EXISTIAM, NEM ESTUDOS SOBRE ESTRUTURAS DE
FERRO –, O ARQUITETO DA IRON BRIDGE, THOMAS PRITCHARD (1723-1777), CRIOU
UM SISTEMA ESTRUTURAL MISTO, UTILIZANDO UM MODELO QUE MISTURAVA AS
ESTRUTURAS CONHECIDAS ATÉ ENTÃO: PONTES DE PEDRAS COM UMA ESTRUTURA
AUXILIAR DAS PONTES DE MADEIRA. SÓ QUE TUDINHO FEITO EM FERRO FUNDIDO.

PRITCHARD NÃO IMAGINAVA QUE, SÉCULOS MAIS TARDE, SUA OBRA SERIA
CONSIDERADO POR ALGUNS HISTORIADORES A PRIMEIRA GRANDE OBRA CIVIL QUE
SE BENEFICIOU DAS CONQUISTAS DA NASCENTE INDÚSTRIA SIDERÚRGICA,
UM MARCO DESSA "MODERNA" SOCIEDADE INDUSTRIAL.

Design for a Cast Iron Bridge between Madeley & Broseley

SE EU SOUBESSE QUE ESSA, CÁ ENTRE
NÓS, PONTEZINHA FOSSE TER UM PAPEL
TÃO IMPORTANTE NA HISTÓRIA DA
ARQUITETURA MODERNA, EU TERIA
COBRADO MAIS CARO.

Sir Thomas Pritchard

A ponte de ferro fundido perto de Coalbrookdale, óleo sobre tela. William Williams, Inglaterra, c. 1780

A SINGELA PONTEZINHA DE 30,6 M DE EXTENSÃO FOI O PRIMEIRO GRANDE MARCO DA ERA MODERNA E, SEGUNDO MUITOS HISTORIADORES, A PRIMEIRA CONSTRUÇÃO MODERNA NO MUNDO. EM 1986, FOI CLASSIFICADA PELA UNESCO COMO PATRIMÔNIO DA HUMANIDADE.

DAÍ PRA FRENTE, COALBROOKDALE CONTINUOU INOVANDO NAS TÉCNICAS DE PRODUÇÃO DO FERRO, TRANSFORMANDO ESSA PEQUENA CIDADE NA CAPITAL SIDERÚRGICA DA EUROPA.

Ironbridge de Coalbrookdale, 2010

Bordado da Iron bridge de Coalbrookdale

COM O USO DO CARVÃO MINERAL, A QUALIDADE DO FERRO E A VELOCIDADE DE PRODUÇÃO DAS PEÇAS AUMENTARAM MUITO, PERMITINDO A FABRICAÇÃO EM ESCALA INDUSTRIAL DOS PRIMEIROS ELEMENTOS PARA A CONSTRUÇÃO CIVIL.

1723

NASCE **ADAM SMITH**, FILÓSOFO E ECONOMISTA ESCOCÊS AUTOR DO LIVRO A RIQUEZA DAS NAÇÕES, UM CLÁSSICO ATÉ HOJE

1725

ABERTURA DO RESTAURANTE **BOTÍN**, O MAIS ANTIGO DO MUNDO, EM MADRID, ESPANHA

DE COALBROOKDALE SAÍRAM OS PRIMEIROS PILARES E VIGAS DE FERRO FUNDIDO - POR VOLTA DE 1780 -, PARA SUBSTITUIR AS ESTRUTURAS DOS ANTIGOS GALPÕES DE MADEIRA QUE ABRIGAVAM AS ANTIGAS TECELAGENS. OS TEARES FORAM AS PRIMEIRAS MÁQUINAS MANUAIS A ABSORVER A MECANIZAÇÃO DA NOVÍSSIMA INDÚSTRIA A VAPOR - E, CONSEQUENTEMENTE, A TECELAGEM FOI A PRIMEIRA ATIVIDADE "INDÚSTRIAL" - QUER DIZER, AINDA FABRIL, NÉ? JÁ QUE ESSAS CONSTRUÇÕES ESTAVAM MAIS PRA FÁBRICAS DO QUE PRA INDÚSTRIAS - A SE BENEFICIAR DESSA NOVA SOLUÇÃO CONSTRUTIVA: A ESTRUTURA METÁLICA.

AS PEÇAS ERAM FEITAS NA MEDIDA EXATA NUMA FUNDIÇÃO E APENAS MONTADAS NO LOCAL DA OBRA. INICIALMENTE, ELAS ERAM FIXADAS COM REBITES, DEPOIS COM PARAFUSOS; A SOLDA VIRIA EM SEGUIDA. TUDINHO PRÉ-PRONTO. PRÉ-FABRICADO, COMO DIZEMOS HOJE.

Iron and coal, óleo sobre tela. William Bell Scott, Inglaterra, 1855

Gravura da indústria inglesa Barrow Iron & Steel Works, Inglaterra, 1877

ESSA INDÚSTRIA METALÚRGICA FOI RESPONSÁVEL PARA QUE A INGLATERRA SE TORNASSE O PAÍS MAIS INDUSTRIALIZADO DA EUROPA, UMA GRANDE PRODUTORA DE ESTRUTURAS METÁLICAS PARA EDIFÍCIOS E PONTES, FICANDO CONHECIDA COMO A OFICINA DO MUNDO. AS PONTES FORAM VENCENDO VÃOS CADA VEZ MAIS LONGOS E OS GALPÕES METÁLICOS FORAM SE TORNANDO CADA VEZ MAIORES, PARA ATENDER A DIFERENTES USOS. FÁBRICAS, MERCADOS E ESTAÇÕES DE TREM COMEÇARAM E SE ESPALHAR PELA EUROPA E ACABARAM INCLUSIVE CHEGANDO AQUI NO BRASIL.

1739
FUNDAÇÃO DA **ACADEMIA REAL DAS CIÊNCIAS DA SUÉCIA**, QUE DISTRIBUI O PRÊMIO NOBEL

1742
NA SUÉCIA, ANDERS CELSIUS INVENTA O PADRÃO DE **GRAUS CELSIUS** PARA MEDIR A TEMPERATURA

COM A RÁPIDA EVOLUÇÃO DAS TÉCNICAS EM ESTRUTURA METÁLICA, TODAS AS OBRAS DE MAIOR DIMENSÃO OU CONSIDERADAS IMPORTANTES FORAM EXECUTADAS COM COLUNAS E VIGAS DE FERRO A PARTIR DE 1780.

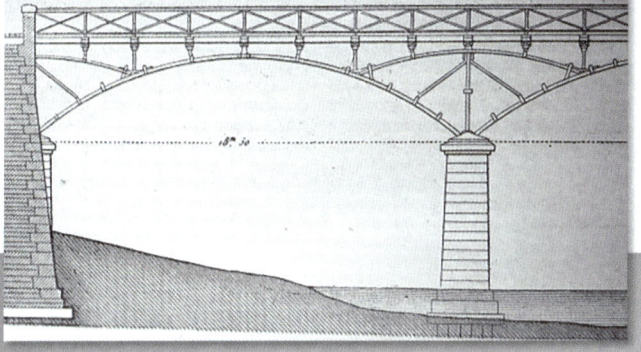

Em Wearmouth, também na Inglaterra, no ano de 1796, foi construída pelos arquitetos Thomas Paine e Thomas Wilson uma das mais arrojadas pontes em ferro fundido da época, com um arco triarticulado de 70 m de vão.

Detalhe construtivo da Pont des Arts. Louis-Alexandre de Cessart e Jacques Dillon, Paris, 1801

1751

LANÇAMENTO DA **PRIMEIRA EDIÇÃO DA ENCICLOPÉDIA DE DIDEROT E D'ALEMBERT**, NA FRANÇA

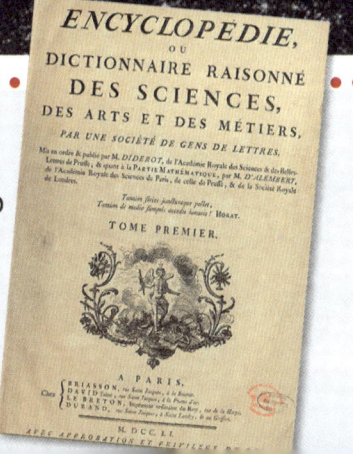

1752

NOS EUA, BENJAMIN FRANKLIN INVENTA O **PARA-RAIOS**

Tear manual de James Hargreaves, Inglaterra, 1764

Fábrica em Bolton, Inglaterra, 1800

NO INÍCIO DO SÉCULO 18, AS TECELAGENS RURAIS E FAMILIARES OPERAVAM TEARES DE MADEIRA. COM O CRESCIMENTO DO COMÉRCIO, OS PEQUENOS NÚCLEOS EXISTENTES COMEÇARAM A SE DESENVOLVER, AS INDÚSTRIAS PASSARAM A SE ORGANIZAR SOB GALPÕES – AINDA DE MADEIRA – E AOS POUCOS OS TEARES MANUAIS FORAM SENDO MECANIZADOS. EM 1769, SURGIU O TEAR HIDRÁULICO E, EM SEGUIDA, O TEAR A VAPOR, ALIMENTADO A CARVÃO.

AS FÁBRICAS NO INÍCIO DA REVOLUÇÃO INDUSTRIAL ERAM ABSURDAMENTE INSALUBRES. COM CONDIÇÕES DE TRABALHO PRECÁRIAS E AMBIENTES SUJOS E ESCUROS, MULHERES E CRIANÇAS ERAM EMPREGADAS EM JORNADAS DE ATÉ 18 HORAS POR DIA. CASTIGOS FÍSICOS ERAM APLICADOS AOS TRABALHADORES QUE NÃO OBEDECIAM, NÃO HAVIA DESCANSO SEMANAL, FÉRIAS OU 13º. COM O AVANÇO DA INDUSTRIALIZAÇÃO, OS TRABALHADORES NA EUROPA COMEÇARAM A SE ORGANIZAR EM UM TIPO DE SINDICATO PARA LUTAR POR MELHORES SALÁRIOS E CONDIÇÕES DE TRABALHO.

Trabalho infantil em Lancaster, final do século 18

1753

FUNDAÇÃO DO **MUSEU BRITÂNICO DE ARTES** EM LONDRES

1755

TERREMOTO EM LISBOA DESTRÓI QUASE TODA A CIDADE E DEIXA CERCA DE 60 MIL MORTOS

Over London — by Rail.
Ilustração de Gustave Doré,
Inglaterra, 1872

Londres, 1868

Bairro em Londres, final do século 19

O HISTORIADOR GEORGE TREVELYAN (1876-1962) DISSE EM SEU LIVRO *HISTÓRIA DA INGLATERRA*:

UMA DAS PIORES CONTRIBUIÇÕES DA REVOLUÇÃO INDUSTRIAL FOI O BAIXÍSSIMO NÍVEL DA HABITAÇÃO DOS TRABALHADORES. QUE SE AMONTOAVAM EM PORÕES APERTADOS E INSALUBRES...

1756

INÍCIO DA GUERRA DOS 7 ANOS, ENVOLVENDO INGLATERRA E FRANÇA

1760

NOS EUA, BENJAMIN FRANKLIN INVENTA AS **LENTES BIFOCAIS**

1761

FABER-CASTELL É FUNDADA NA ALEMANHA

A MÁQUINA A VAPOR

James Watt e sua máquina a vapor, 1777

OUTRO GRANDE IMPULSO PARA O SURGIMENTO DA REVOLUÇÃO INDUSTRIAL SE DEU PELA INVENÇÃO DA MÁQUINA A VAPOR. ADIVINHA ONDE? SIIIIM: INGLATERRA, A TODO VAPOR!

ANTES DA REVOLUÇÃO INDUSTRIAL, A PRODUÇÃO DE TUDO ERA, COMO VIMOS, ARTESANAL, ORGANIZADA EM TORNO DE COOPERATIVAS DE TRABALHADORES – AS CHAMADAS CORPORAÇÕES DE OFÍCIO. AS MÁQUINAS E FERRAMENTAS ERAM FEITAS QUASE INTEIRAMENTE DE MADEIRA E AS PESSOAS QUE NÃO VIVIAM NO CAMPO SE JUNTAVAM EM PEQUENOS NÚCLEOS DE CASAS E OFICINAS DE ARTESÃOS.

EM 1777, O MATEMÁTICO E ENGENHEIRO ESCOCÊS JAMES WATT (1736-1819) PATENTEOU A SUA MÁQUINA A VAPOR. COM ELA O MUNDO PASSOU A SER MECANIZADO E TODAS – OU QUASE TODAS – AS ATIVIDADES MANUAIS EXISTENTES SE BENEFICIARAM DA INVENÇÃO. COM ISSO TAMBÉM FOI INVENTADO O DESEMPREGO, MAS AÍ JÁ É UMA OUTRA HISTÓRIA...

Máquina a vapor inventada por James Watt, 1777

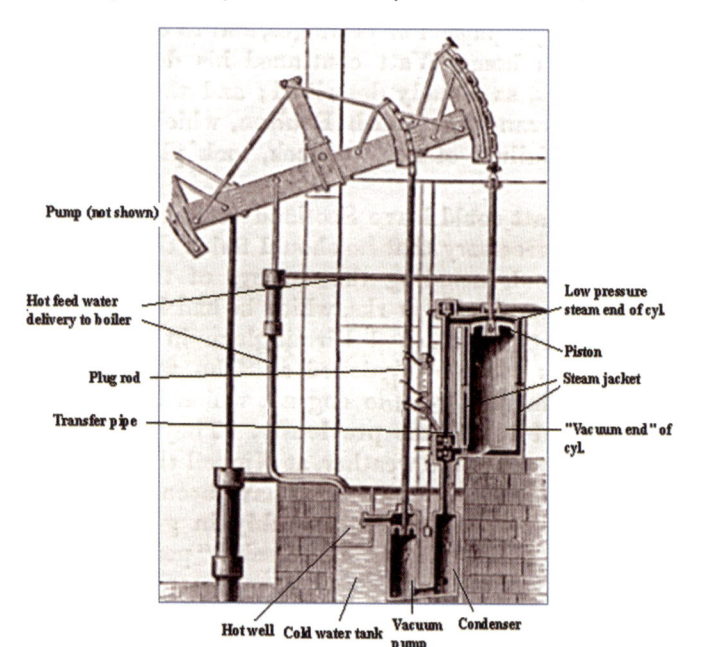

Pump (not shown)
Hot feed water delivery to boiler
Plug rod
Transfer pipe
Low pressure steam end of cyl.
Piston
Steam jacket
"Vacuum end" of cyl.
Hot well   Cold water tank   Vacuum pump   Condenser

... OU NÃO: ALÉM DO DESEMPREGO, COM A INTRODUÇÃO DA MÁQUINA A VAPOR E A MECANIZAÇÃO DAS TAREFAS SURGIRAM NOVOS FENÔMENOS URBANOS COMO A POLUIÇÃO AMBIENTAL E SONORA, O ÊXODO RURAL PARA AS CIDADES E A FALTA DE HABITAÇÕES SAUDÁVEIS. TUDO ISSO CONTRIBUIU DE FORMA MUITO RUIM PARA O INÍCIO DA SOCIEDADE INDUSTRIAL – LEMBRANDO QUE, EM 1800, LONDRES JÁ ULTRAPASSAVA 1 MILHÃO DE HABITANTES.

1764
EM LONDRES, MOZART ESCREVE A SUA **PRIMEIRA SINFONIA**, AOS 8 ANOS DE IDADE

1770
PRIMEIRO DESIGN CONHECIDO DE UMA BALANÇA, POR RICHARD SALTER, NO REINO UNIDO

1775
NASCE NA INGLATERRA **JANE AUSTEN**, ESCRITORA DO ROMANCE ORGULHO E PRECONCEITO

AS TECELAGENS DA ÉPOCA, QUE JÁ FUNCIONAVAM SOB AS "REVOLUCIONÁRIAS" ESTRUTURAS METÁLICAS, ABANDONARAM OS TEARES MANUAIS E PASSARAM A USAR O TRABALHO MECÂNICO DOS "MODERNOS E VELOZES" TEARES A VAPOR QUE SURGIRAM LOGO EM SEGUIDA, ANTES DA VIRADA DO SÉCULO 18.

Edmund Cartwright patenteou o tear a vapor em 1785

Tear a vapor, 1785

Tecelagem em estrutura metálica na Inglaterra, 1830

O USO DA MÁQUINA A VAPOR NA PRODUÇÃO PROVOCOU GRANDES TRANSFORMAÇÕES NA VIDA DE TODOS E ALTEROU O SECULAR COTIDIANO, ATÉ ENTÃO PRATICAMENTE IMUTÁVEL. A SOCIEDADE SE TRANSFORMOU RAPIDAMENTE E, JUNTO COM ELA, A PAISAGEM DAS CIDADES.

Glasgow, por volta de 1880

1776

DECLARADA A **INDEPENDÊNCIA DAS 13 COLÔNIAS DOS EUA** NO DIA 4 DE JULHO

1777

LAVOISIER BATIZA O AR QUE RESPIRAMOS DE **OXIGÊNIO**

O TREM A VAPOR

Ferramentas agrícolas de ferro, França, 1798

A PARTIR DESSA ÉPOCA, TUDO MUDA NA NASCENTE SOCIEDADE INDUSTRIAL COM A "EPIDEMIA" DA ENERGIA A VAPOR NAS MAIS DIVERSAS ATIVIDADES. MÁQUINAS E FERRAMENTAS DE FERRO PASSARAM A SER USADAS PARA TUDO: É A MECANIZAÇÃO NO PODER – SEGUNDO SIGFRIED GIEDION (1888-1968), IMPORTANTE HISTORIADOR TCHECO –, E A INDÚSTRIA METALÚRGICA SE EXPANDE VERTIGINOSAMENTE, AUMENTANDO A QUALIDADE E VELOCIDADE DA PRODUÇÃO INDUSTRIAL.

George Stephenson aprimorou a invenção de Richard Trevithick

Locomotiva nº 01, desenvolvida por George Stephenson, Inglaterra, 1825

E ESSES PRODUTOS PRECISAVAM DE CONSUMIDORES... ENTÃO, O ÚLTIMO GRANDE EVENTO RESPONSÁVEL PELO SALTO DA INDÚSTRIA COMO UM TODO E QUE COROA O CICLO DA REVOLUÇÃO INDUSTRIAL FOI O USO DA MÁQUINA A VAPOR NO TRANSPORTE, NO INÍCIO DO SÉCULO 19. ASSIM SURGE O TREM A VAPOR, A NOSSA MARIA-FUMAÇA.

1783

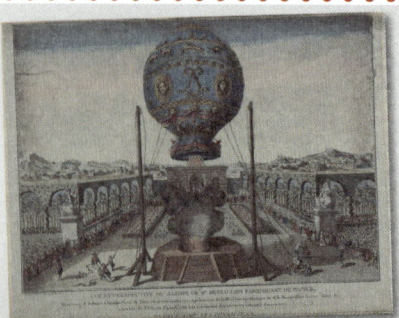

OS IRMÃOS MONTGOLFIER REALIZAM, NA FRANÇA, O **PRIMEIRO VOO DE BALÃO PILOTADO**

1785

LE CABINET DES MODES: A PRIMEIRA REVISTA RECORRENTE DE MODA COMEÇA A SER PUBLICADA NA FRANÇA

E ESSA REVOLUÇÃO NOS TRANSPORTES ACELEROU EM MUITO O PROCESSO QUE JÁ VINHA ACONTECENDO. AFINAL, SE UMA CARRUAGEM ANDAVA A UNS 12 KM/H, OS TRENS A VAPOR "CORRIAM" A INCRÍVEIS 40 KM/H – E TODA A SOCIEDADE FOI ATRÁS.

Stockton & Darlington Railway, companhia de trem inglesa que funcionou de 1825 a 1863

FOI EM 1825 QUE SURGIU A PRIMEIRA LINHA REGULAR DE TREM ENTRE CIDADES, LIGANDO STOCKTON A DARLINGTON, NA INGLATERRA – LÓGICO – E TINHA 40 KM DE EXTENSÃO.

POR VOLTA DE 1840, JÁ EXISTIAM NA INGLATERRA MAIS DE 3.500 KM DE LINHAS FERROVIÁRIAS IMPLANTADAS. EM 1860, LONDRES INICIA A CONSTRUÇÃO DO SEU METRÔ, CHAMADO DE METROPOLITAN RAILWAY.

Selo em comemoração aos 150 anos de inauguração da Liverpool-Manchester Railway, Inglaterra, 1980

Estação Lime Street, parte da Liverpool-Manchester Railway, Inglaterra, 1836

1789

GEORGE WASHINGTON TORNA-SE O **PRIMEIRO PRESIDENTE NORTE-AMERICANO**

1789

QUEDA DA BASTILHA NA FRANÇA, EM 14 DE JULHO

A PARTIR DAÍ, A ATIVIDADE FERROVIÁRIA NÃO PAROU MAIS: ESPALHOU-SE POR TODA A EUROPA E EM SEGUIDA PELOS ESTADOS UNIDOS, QUE POR VOLTA DE 1870 JÁ POSSUÍAM MAIS DE 50 MIL MILHAS DE REDE FERROVIÁRIA. ASSIM, A MÁQUINA A VAPOR DEIXOU O MUNDO BEM MAIS VELOZ E TUDO CADA VEZ MAIS PERTO – E ISSO, CLARO, AFETOU MUITO A ARQUITETURA.

TODO ESSE PROCESSO TRANSFORMOU O FERRO NO MAIS IMPORTANTE, E QUASE ÚNICO, MATERIAL DE CONSTRUÇÃO DO PERÍODO.

DOS TRILHOS DE FERRO, PASSOU-SE NATURALMENTE PARA OS PILARES E AS VIGAS DE FERRO FUNDIDO. TAMBÉM SÃO DESSA ÉPOCA – METADE DO SÉCULO 19 – OS CATÁLOGOS DE PEÇAS EM FERRO FUNDIDO, NA SUA GRANDE MAIORIA ORNAMENTADAS COM MOTIVOS NEOCLÁSSICOS OU FLORAIS, QUE PAÍSES COMO INGLATERRA, FRANÇA E ALEMANHA EXPORTAVAM PARA A CONSTRUÇÃO PRÊT-À-PORTER. COM AVANÇOS TECNOLÓGICOS, EM 1885 O FERRO FUNDIDO DEU LUGAR AO AÇO, MUITO MAIS ESBELTO E RESISTENTE. EM SEGUIDA, AS JUNÇÕES DE PEÇAS ABANDONARAM OS REBITES E PASSARAM A SER FEITAS COM SOLDA E PARAFUSOS, COMO ATÉ HOJE.

Catálogo das produções em ferro da Walter MacFarlane & Co. Glasgow, 1884

A MacFarlane Ltd. foi fundada por Walter MacFarlane e durou até o século 20. Era especializada em fabricar peças estruturais e ornamentais em ferro fundido

1792
WILLIAM MURDOCH INVENTA A **LAMPARINA A GÁS** NA INGLATERRA

1793
NA FRANÇA, **MARIA ANTONIETA** É JULGADA, CONDENADA POR TRAIÇÃO E GUILHOTINADA

1800
ALESSANDRO VOLTA INVENTA NA ITÁLIA A **PILHA VOLTAICA**, PREDECESSORA DA BATERIA ELÉTRICA

ESSE CENÁRIO CRIOU UM MUNDO NOVO PARA A ARQUITETURA NA EUROPA

 GRANDE VELOCIDADE E ALTA QUALIDADE NA PRODUÇÃO DE PILARES E VIGAS METÁLICAS, INCOMPARÁVEL COM A ANTIGA CONSTRUÇÃO EM ALVENARIA DE PEDRA, TIJOLOS E MADEIRA;

 O CONTROLE DE QUALIDADE DAS PEÇAS PASSOU A SER FEITO NA PRÓPRIA METALÚRGICA, ONDE MATERIAL, DESENHO E DIMENSÕES ERAM MAIS FÁCEIS DE SEREM CHECADOS;

 MAIOR CONHECIMENTO SOBRE O COMPORTAMENTO ESTRUTURAL DO FERRO – SURGIU AÍ O CÁLCULO ESTRUTURAL PARA AS CONSTRUÇÕES METÁLICAS;

 RAPIDEZ DE MONTAGEM DE TODA A OBRA: AS PEÇAS – PILARES E VIGAS – SÃO MONTADAS A SECO UTILIZANDO REBITE, PARAFUSO OU SOLDA, COM JUNTAS MILIMETRICAMENTE PREPARADAS AINDA NA FUNDIÇÃO;

 A PARTIR DE 1830, NA INGLATERRA, JÁ SE PRODUZ REGULARMENTE PAINÉIS DE VIDRO PARA COBERTURA E FECHAMENTO DE ESTUFAS METÁLICAS PARA ACLIMATAÇÃO DE PLANTAS;

 NOVAS FORMAS DE CONSTRUIR COM ESTRUTURAS METÁLICAS; NOVAS TIPOLOGIAS COMO PONTES, ESTAÇÕES DE TREM, MERCADOS...

 E, POR FIM, O RÁPIDO ESTABELECIMENTO DAS REDES FERROVIÁRIAS LIBERTOU A ARQUITETURA DOS MATERIAIS LOCAIS – ANTES, AS PESADAS CONSTRUÇÕES ERAM ERGUIDAS COM O QUE SE TINHA À MÃO, BASICAMENTE, PEDRA, TIJOLO E MADEIRA – E PERMITIU QUE OS PRIMEIROS GALPÕES METÁLICOS COBERTOS DE VIDRO SURGISSEM EM QUALQUER LUGAR DO MUNDO, EM PARTICULAR NA PAISAGEM URBANA EUROPEIA.

1804

NAPOLEÃO É COROADO O **PRIMEIRO IMPERADOR FRANCÊS**

1810

GOYA LANÇA **OS DESASTRES DA GUERRA**, 82 GRAVURAS QUE DETALHAM AS CRUELDADES COMETIDAS NA GUERRA ESPANHOLA

ASSIM, COM A EXPANSÃO DAS FERROVIAS, SURGIU A NECESSIDADE DE FAZER, ALÉM DE PONTES CADA VEZ MAIORES E MAIS ROBUSTAS, UM NOVO TIPO DE CONSTRUÇÃO: AS GRANDES ESTAÇÕES FERROVIÁRIAS DA EUROPA. ESSAS OBRAS-PILOTO SERVIRAM DE BASE PARA A ENGENHARIA, A CONSTRUÇÃO E A ARQUITETURA DE TODOS OS GRANDES EDIFÍCIOS QUE VIERAM A SEGUIR.

É FÁCIL IMAGINAR COMO ISSO CRIOU UM MUNDO NOVO PARA OS ARQUITETOS. ALIÁS, INICIALMENTE PARA OS ENGENHEIROS, QUE FORAM OS GRANDES PIONEIROS DESSAS CONQUISTAS. E ASSIM FOI CONSTRUÍDA A MAIORIA DAS GRANDES OBRAS ARQUITETÔNICAS DO SÉCULO 19.

Estação New Street. Edward Cowper, Birmingham, 1854

Estação St. Pancras. William Henry Barlow, Londres, 1868

Biblioteca Nacional da França. Henri Labrouste, Paris, 1868

1818

MARY SHELLEY LANÇA NA INGLATERRA A PRIMEIRA EDIÇÃO DE **FRANKENSTEIN**

1824

EM VIENA, BEETHOVEN REGE PELA PRIMEIRA VEZ A **NONA SINFONIA**

1826

PRIMEIRAS PETIÇÕES PEDINDO O **FIM DA ESCRAVIDÃO NA INGLATERRA**

ESTAÇÕES DE TREM, AMPLOS MERCADOS, BIBLIOTECAS E PAVILHÕES DE EXPOSIÇÕES FORAM AS PRIMEIRAS GRANDES MANIFESTAÇÕES DESSA NOVA ARQUITETURA: LEVE, TRANSPARENTE E INDUSTRIALIZADA, CARACTERÍSTICAS DA ESTRUTURA METÁLICA.

Gravura dos detalhes construtivos do Les Halles. Victor Baltard, Paris, 1854

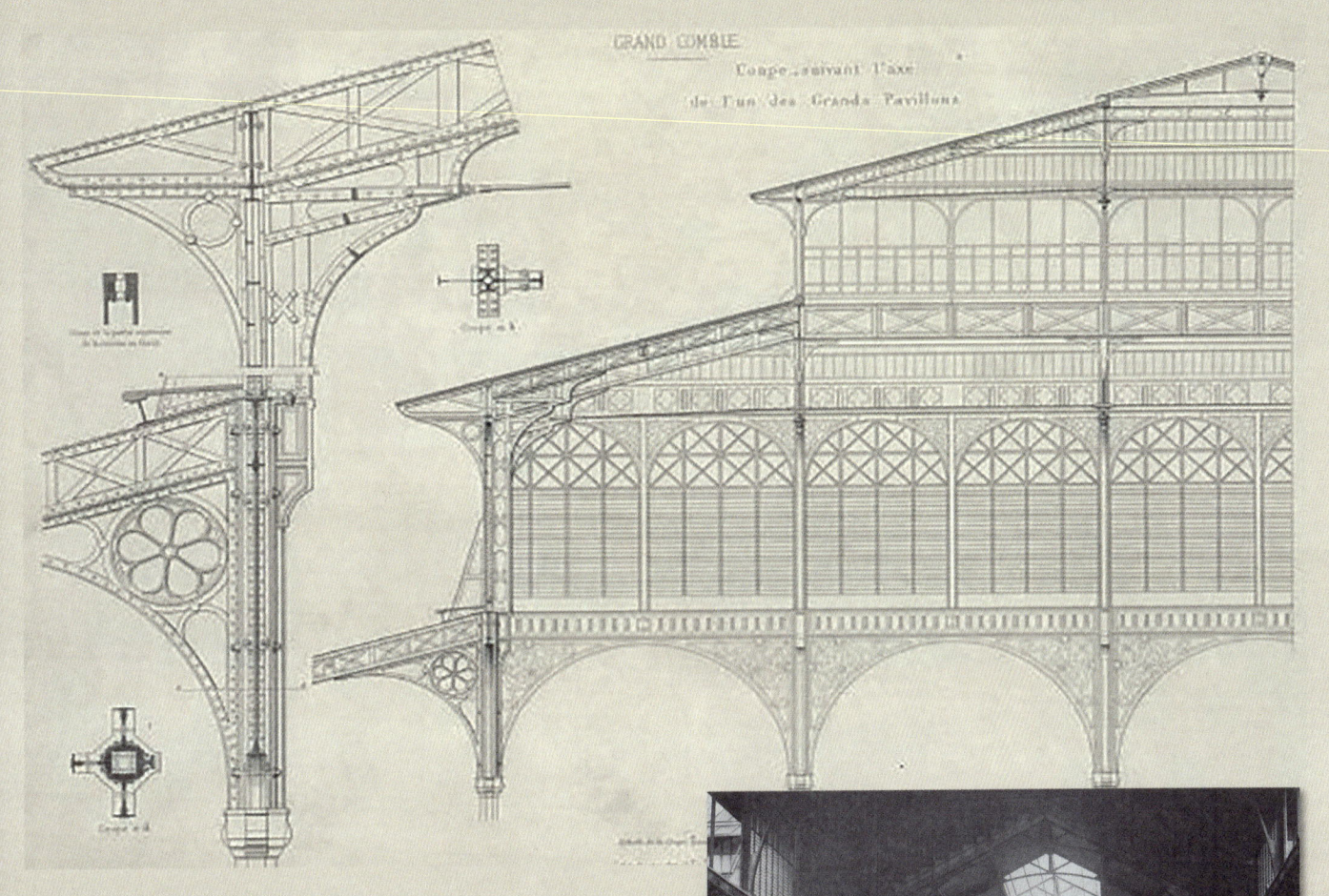

FOI QUASE BASICAMENTE COM ESSES 2 MATERIAIS, FERRO E VIDRO, QUE A ARQUITETURA DO SÉCULO 19 SE EXPRESSOU.

Les Halles. Victor Baltard Paris, 1854

1826

A PRIMEIRA FOTOGRAFIA DO MUNDO É TIRADA POR JOSEPH NIÉPCE NA FRANÇA

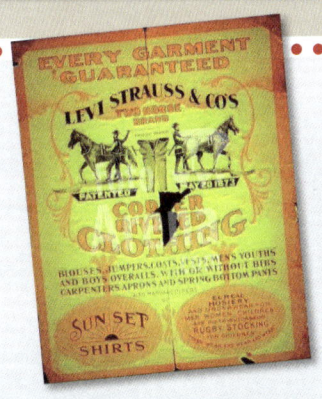

1829

NASCE NA BAVIERA **LEVI STRAUSS**, INVENTOR DA CALÇA JEANS E FUNDADOR DA EMPRESA LEVI'S®

CRYSTAL PALACE

O PRIMEIRO EDIFÍCIO, CONSCIENTE DESSES NOVOS TEMPOS, FOI O CRYSTAL PALACE, EM LONDRES, PROJETADO EM 1851 PELO PAISAGISTA JOSEPH PAXTON (1803-1865) PARA A PRIMEIRA GRANDE EXPOSIÇÃO INTERNACIONAL DE PRODUTOS. OU SEJA: A OBRA INAUGURAL DA ERA "MODERNA" NÃO FOI FEITA POR UM ARQUITETO E SIM PELO JARDINEIRO DA RAINHA, UM CARA GENIAL E CORAJOSO.

PAXTON ERA RESPONSÁVEL PELOS PARQUES LONDRINOS, POR ISSO TINHA EXPERIÊNCIA COM ESTUFAS METÁLICAS PARA MUDAS DE PLANTAS. INCLUSIVE, JÁ EM 1836 CONSTRUIU UMA ESTRUTURA MUITO DELICADA DE FERRO E VIDRO PARA O CONSERVATÓRIO DE PLANTAS DE CHATSWORTH.

Conservatório de Plantas de Chatsworth. Joseph Paxton, Bakewell, Inglaterra, 1836

Crystal Palace, situado em Sydenham Hill, em Londres. Mapa de 1872. Pela escala dá pra ter uma ideia do tamaninho do prédio

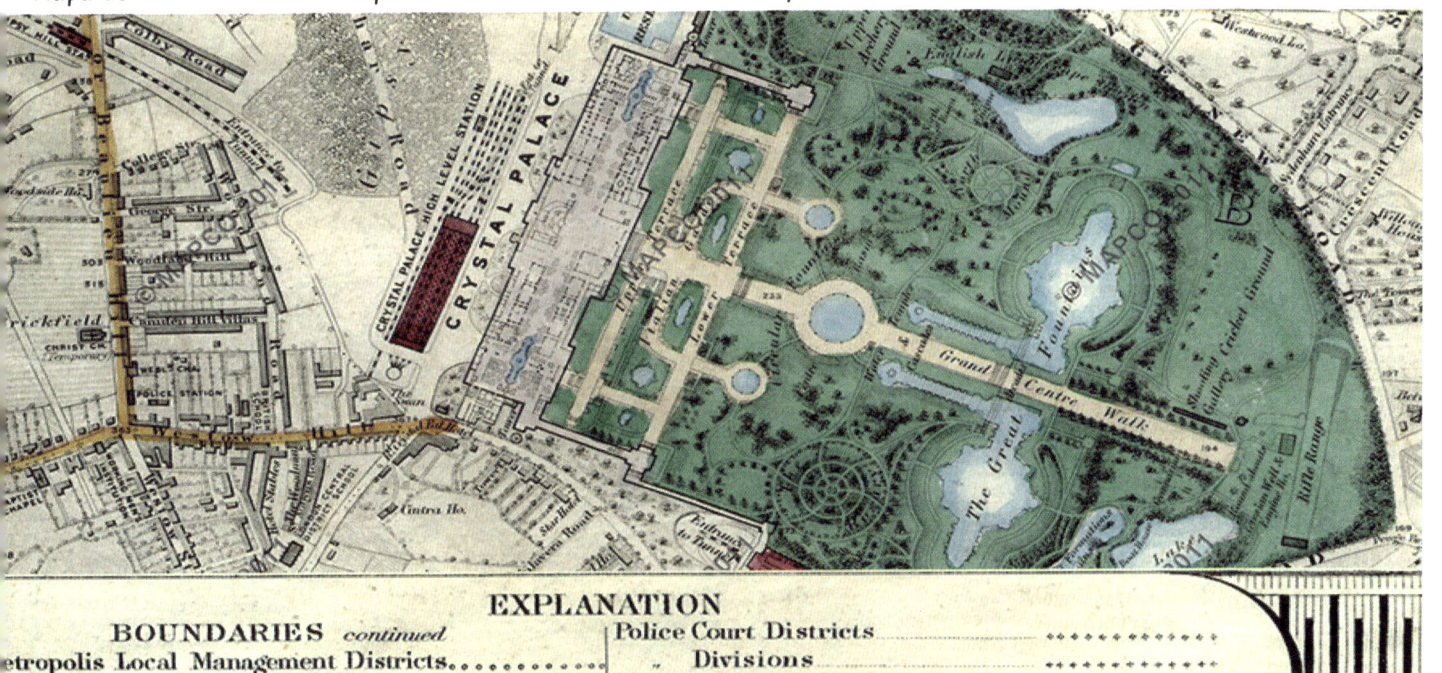

1839

ALPHONSE GIROUX CONSTRÓI NA FRANÇA **A PRIMEIRA CÂMERA FOTOGRÁFICA** A SER PRODUZIDA COMERCIALMENTE

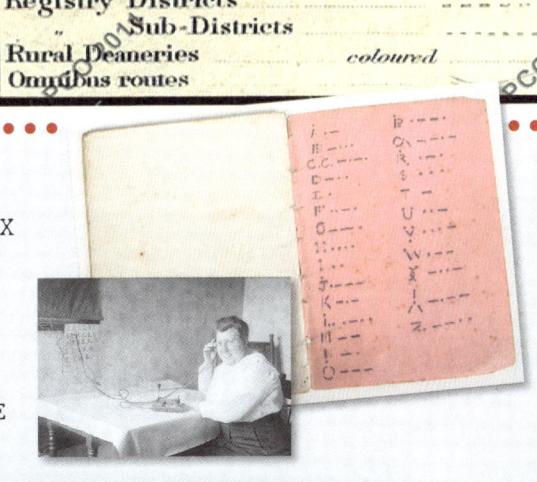

1844

PRIMEIRA TRANSMISSÃO NO MUNDO DO CÓDIGO MORSE, INVENTADO POR SAMUEL MORSE: DE WASHINGTON PARA BALTIMORE, EUA

PARA O CRYSTAL PALACE, QUASE 15 ANOS DEPOIS DE CHATSWORTH, PAXTON EXPLOROU AO MÁXIMO AS CARACTERÍSTICAS BÁSICAS DE UMA CONSTRUÇÃO METÁLICA: PILARES E VIGAS DE FERRO MONTADOS DIRETAMENTE NO LOCAL DA OBRA E COBERTURA COM PLACAS DE VIDRO. OU SEJA, PRATICAMENTE UMA ESTUFA, SÓ QUE ENOOOOORME E EQUIPADA COM UM SISTEMA DE CIRCULAÇÃO ESPONTÂNEA DE AR, ISTO É, REFRIGERAÇÃO NATURAL. **O MÁXIMO!**

ESSE PREDIOZÃO DE QUASE 10 – ISSO MESMO, DEZ – QUARTEIRÕES FOI:

PROJETADO E PLANEJADO EM 2 MESES;

PRODUZIDO EM USINAS DE FERRO FUNDIDO EM 6 MESES;

MONTADO EM 4 MESES.

Primeiros croquis para o Crystal Palace por Joseph Paxton, 1850

TODA ESSA MUVUCA ACONTECEU DE ABRIL DE 1850 A 1º DE MAIO DE 1851, DATA DA ABERTURA AO PÚBLICO. ESSE EDIFÍCIO INAUGUROU UM NOVO, ALIÁS NOVÍSSIMO, PERÍODO PARA A ARQUITETURA...

A ERA DAS CONSTRUÇÕES INDUSTRIALIZADAS.

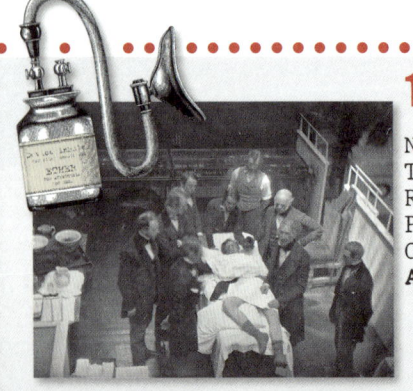

1846

NOS EUA, WILLIAM THOMAS MORTON REALIZA A PRIMEIRA CIRURGIA COM O USO DA **ANESTESIA COM ÉTER**

1848

PUBLICAÇÃO DO **MANIFESTO COMUNISTA** POR MARX E ENGELS NO REINO UNIDO

entradas não aplicáveis

PAXTON TEVE 10 MESES PARA CONSTRUIR –
NO CASO, MONTAR – UM PRÉDIO COM MAIS DE
90 MIL M² DE ÁREA CONSTRUÍDA. E ISSO EM 1851!
SEM CONTAR QUE TUDO FOI FEITO NA BASE
DO MUQUE E DA FORÇA DOS CAVALOS...
SEM ENERGIA ELÉTRICA...

Suspendendo treliças de 22 m
de comprimento com a força dos cavalos.
Imaginem o planejamento "cavalar" – sorry –
para erguer essa quantidade de toneladas
em vigas de ferro...

Montagem do sistema de conexão pilar-viga

MAS, MAIS IMPORTANTE, PAXTON CRIOU TODO UM MODO DE PROJETAR O ESPAÇO
E O PROCESSO DE CONSTRUÇÃO, EXPLORANDO A RAPIDEZ DE MONTAGEM DESSAS
PEÇAS DIANTE DO ESCASSO TEMPO QUE TINHA PARA CONCLUIR A SUA ENORME OBRA
E CONSIDERANDO A FORÇA ANIMAL DISPONÍVEL.

1851

SÃO PRODUZIDAS,
NOS EUA, AS
**PRIMEIRAS
MÁQUINAS DE
COSTURA** DA
COMPANHIA SINGER

1853

RICHARD WAGNER
COMPÕE A ÓPERA
AS VALQUÍRIAS
NA ALEMANHA

ENTÃO, EM VEZ DE UM PROJETO TRADICIONAL DE ARQUITETURA, SUA IDEIA FOI DESENVOLVER UM PLANO DE PRODUÇÃO EM MASSA DE COMPONENTES CONSTRUTIVOS PRÉ-FABRICADOS QUE PUDESSEM SER RAPIDAMENTE MONTADOS – E DEPOIS DESMONTADOS – NO LOCAL DA OBRA, CONSIDERANDO:

 A CONCEPÇÃO E O DETALHAMENTO DE CADA COMPONENTE METÁLICO – PILARES, VIGAS, TRELIÇAS, TIRANTES, COMPONENTES E SUAS CONEXÕES DE FIXAÇÃO.

 O MÉTODO DE PRODUÇÃO DE TODAS AS PEÇAS, INCLUSIVE OS PAINÉIS DE VIDRO, SUAS DIMENSÕES E SISTEMA DE FIXAÇÃO.

 O SISTEMA DE TRANSPORTE E MONTAGEM DESSAS ENORMES E PESADAS PEÇAS METÁLICAS.

 O PLANEJAMENTO COMPLETO DE MONTAGEM, DESMONTAGEM E REMONTAGEM DO EDIFÍCIO, O QUE DE FATO ACONTECEU ALGUNS ANOS DEPOIS.

 O PLANEJAMENTO DAS DATAS DA EVOLUÇÃO DA OBRA E OS SEUS CUSTOS.

1

Corte e elevação das paredes externas do edifício

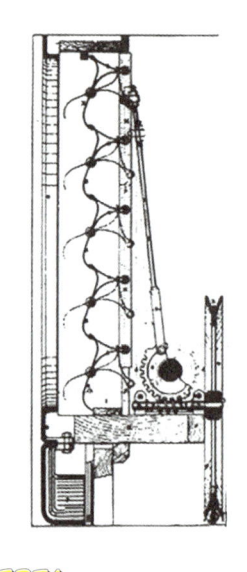

2

Todas elas tinham grelhas de ventilação controladas remotamente

AH! E SEM CONTAR QUE O PREDIOZINHO DEVERIA SER TOTALMENTE DESMONTADO E REMONTADO EM OUTRO LUGAR. UNS 6 MESES DEPOIS, O QUE DE FATO ACONTECEU! É MOLE OU QUER MAIS?!

O PRÉDIO INTEIRO FOI MODULADO EM UMA GRELHA QUADRADA DE 8 PÉS E TODA A ESTRUTURA FOI COMPOSTA POR 3 MEDIDAS-PADRÃO, PARA SEREM FACILMENTE REPETIDAS: 24, 48 E 72 PÉS, EXPLORANDO AO MÁXIMO AS POSSIBILIDADES NA ÉPOCA DE FABRICAÇÃO, TRANSPORTE E MONTAGEM TANTO DAS PEÇAS EM FERRO COMO DOS PAINÉIS DE VIDRO DA COBERTURA E DAS PAREDES EXTERNAS.

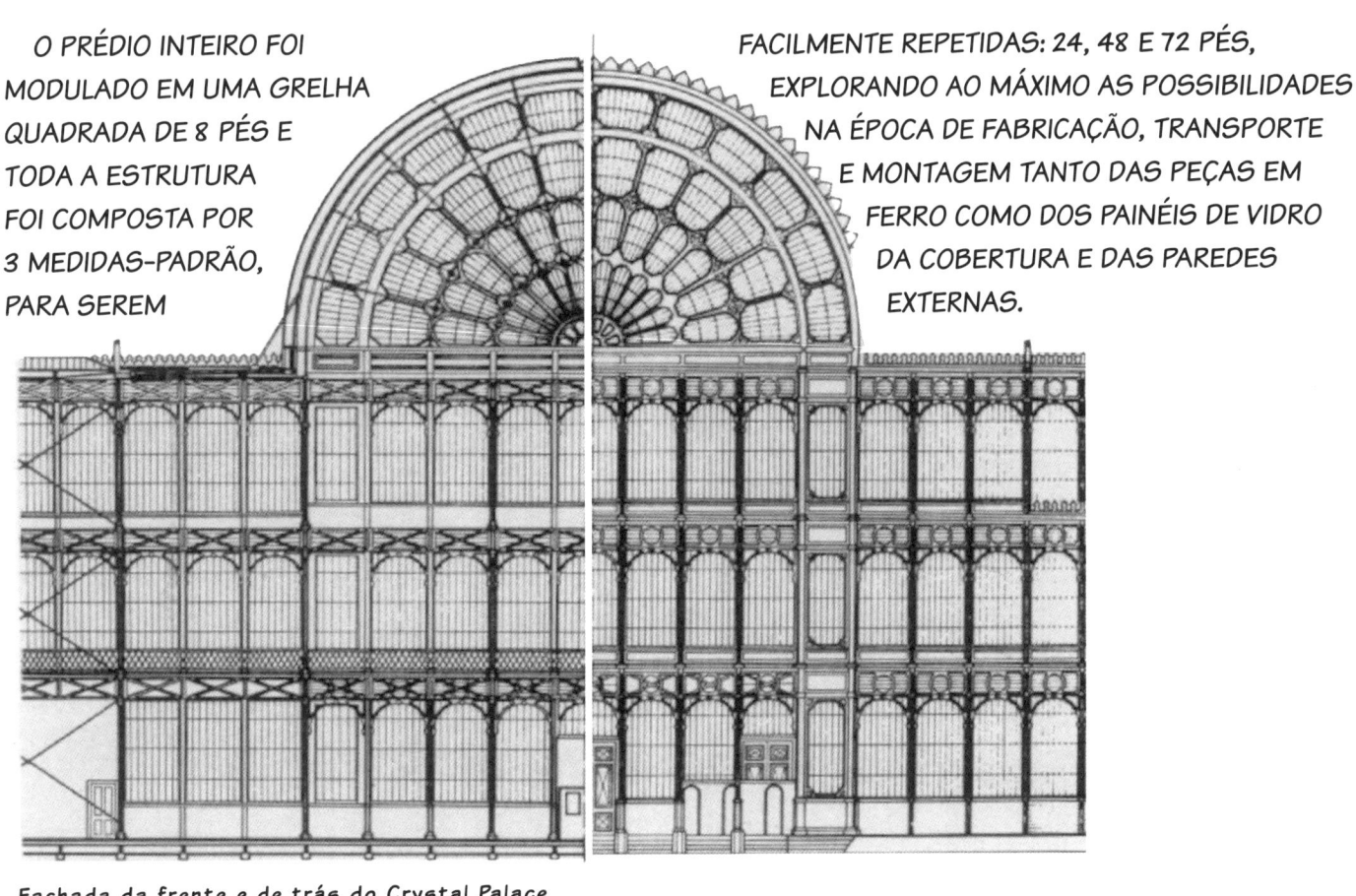

Fachada da frente e de trás do Crystal Palace

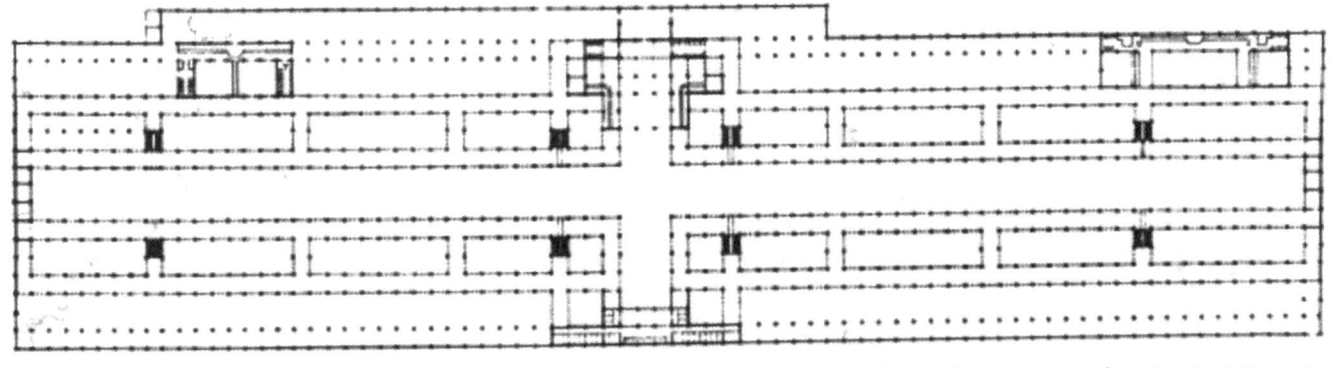

A planta forma um retângulo de 560 m de comprimento e 124 m de largura

Vista interna mostrando a beleza e generosidade dos espaços internos... Suas galerias, corredores e mezaninos... em uma festa espacial

O PROCESSO COMPLETO DE MONTAGEM DE TODAS AS PEÇAS LEVOU APENAS 4 MESES, O QUE É SIMPLESMENTE FANTÁSTICO MESMO PARA OS DIAS DE HOJE, SE LEVARMOS EM CONTA O TAMANHO DO EDIFÍCIO – UNS 560 M DE COMPRIMENTO POR 125 M DE LARGURA E 33 M DE ALTURA MÁXIMA – E A QUANTIDADE DE MATERIAIS E MÃO DE OBRA EMPREGADA:

 80.000 M² DE VIDRO

 MAIS DE 50 KM DE CALHAS E TUBOS DE ÁGUAS PLUVIAIS

 3.300 COLUNAS DE FERRO

 2.200 VIGAS METÁLICAS

 2.300 OPERÁRIOS

Montagem de um módulo de telhado

Uma plataforma rolante foi desenvolvida para aumentar a velocidade do envidraçamento dos telhados

O RESULTADO FINAL FOI ASSOMBROSO! O CARA ERA GENIAL E CORAJOSO PACAS!

1855

HENRY BESSEMER PATENTEIA NO REINO UNIDO SEU SISTEMA DE PRODUÇÃO INDUSTRIAL DE AÇO, CHAMADO DE **PROCESSO BESSEMER**

1857

PRIMEIRO **ELEVADOR PARA PASSAGEIROS** É INSTALADO EM NOVA YORK POR ELISHA OTIS

O PRÉDIO FOI UMA UNANIMIDADE, INCLUSIVE PARA OS CRÍTICOS MAIS VIGOROSOS DESSA NOVA ARQUITETURA LEVE E TRANSPARENTE. ATÉ O FILÓSOFO E HISTORIADOR INGLÊS JOHN RUSKIN (1819-1900), UM DOS MAIORES INTELECTUAIS DA ÉPOCA E ADMIRADOR DOS PESADOS CASTELOS DE PEDRAS MEDIEVAIS – "A VERDADEIRA ARQUITETURA TEM QUE SER OPACA", DIZIA ELE –, SE RENDEU À BELEZA DA TRANSPARÊNCIA, DO ESPAÇO E DA LUZ DO CRYSTAL PALACE, DECLARANDO QUE "OS EFEITOS MAIS BONITOS E MARAVILHOSOS SE ESPALHAM PARA CRIAR UM PRÉDIO".

Espaços elegantes e generosos com muita luz natural, mezaninos e vegetação como nunca havia acontecido antes

John Ruskin

JOHN RUSKIN ERA MESMO UM PERSONAGEM CURIOSO, UMA FIGURAÇA. FOI UM DOS MAIORES INTELECTUAIS DO SÉCULO 19, FILÓSOFO, CRÍTICO DE ARTE E ARQUITETURA E UM DOS HOMENS MAIS CULTOS DO SEU TEMPO. ELE TEVE SEU CASAMENTO COM EFFIE GRAY ANULADO (A PEDIDO DELA) 5 ANOS APÓS SEU INÍCIO, PORQUE ELE NÃO SUPORTAVA FAZER SEXO COM ELA. A CAUSA? SEUS PELOS PUBIANOS. O FATO É QUE ELE, MESMO TÃO CULTO E ADMIRADOR DAS ESTÁTUAS GREGAS ESCULPIDAS EM MÁRMORE BRANCO, ACREDITAVA QUE AS MULHERES FOSSEM COMO ELAS NESSE ASPECTO: SEM PELOS PUBIANOS, OS QUAIS ELE NÃO SUPORTAVA. RUSKIN CHEGOU AO PONTO DE ASSUMIR NA VELHICE A SUA VIRGINDADE E DEFENDER A PRÁTICA DA MASTURBAÇÃO COMO A ATITUDE MAIS NATURAL E HIGIÊNICA PARA OS HOMENS... FALA SÉRIO! JÁ A EFFIE FUGIU COM O PINTOR JOHN EVERETT MILLAIS, COM QUEM TEVE 8 FILHOS.

1859

NA PENSILVÂNIA, **EDWIN DRAKE** PERFURA O PRIMEIRO POÇO DE PETRÓLEO DOS EUA

1859

CHARLES DARWIN PUBLICA NA INGLATERRA O LIVRO **A ORIGEM DAS ESPÉCIES**

1859

COMPANHIA THONET PROJETA A **CADEIRA Nº 14,** O PRIMEIRO MÓVEL PRODUZIDO EM MASSA NA ÁUSTRIA

CRYSTAL PALACE

QUER DIZER ENTÃO QUE PARA ALGUNS HISTORIADORES A ARQUITETURA MODERNA NÃO COMEÇOU COM UM ARQUITETO, MAS SIM COMIGO, UM SIMPLES JARDINEIRO DA RAINHA, COM ESSA MINHA ESTUFONA? HEHEHE...

ENTUSIASMADO TAMBÉM FICOU LOTHAR BUCHER (1817-1892), INFLUENTE POLÍTICO E INTELECTUAL ALEMÃO QUE DESCREVEU O CRYSTAL PALACE COMO "O SONHO DE UMA NOITE DE VERÃO VISTO NA CLARA LUZ DO DIA".

EVIDENTEMENTE, O CRYSTAL PALACE INFLUENCIOU TODAS AS SOLUÇÕES QUE VIERAM DEPOIS. PAXTON FOI GENIAL AO PENSAR NESSE MODO DE PROJETAR BASEADO EM UM SISTEMA DE MONTAGEM DE COMPONENTES STANDARDS, UMA SOLUÇÃO INCRÍVEL MESMO PARA OS DIAS ATUAIS.

Sir Joseph Paxton

Corredor central do Crystal Palace, 1852

Crystal Palace em toda a sua grandeza magnífica

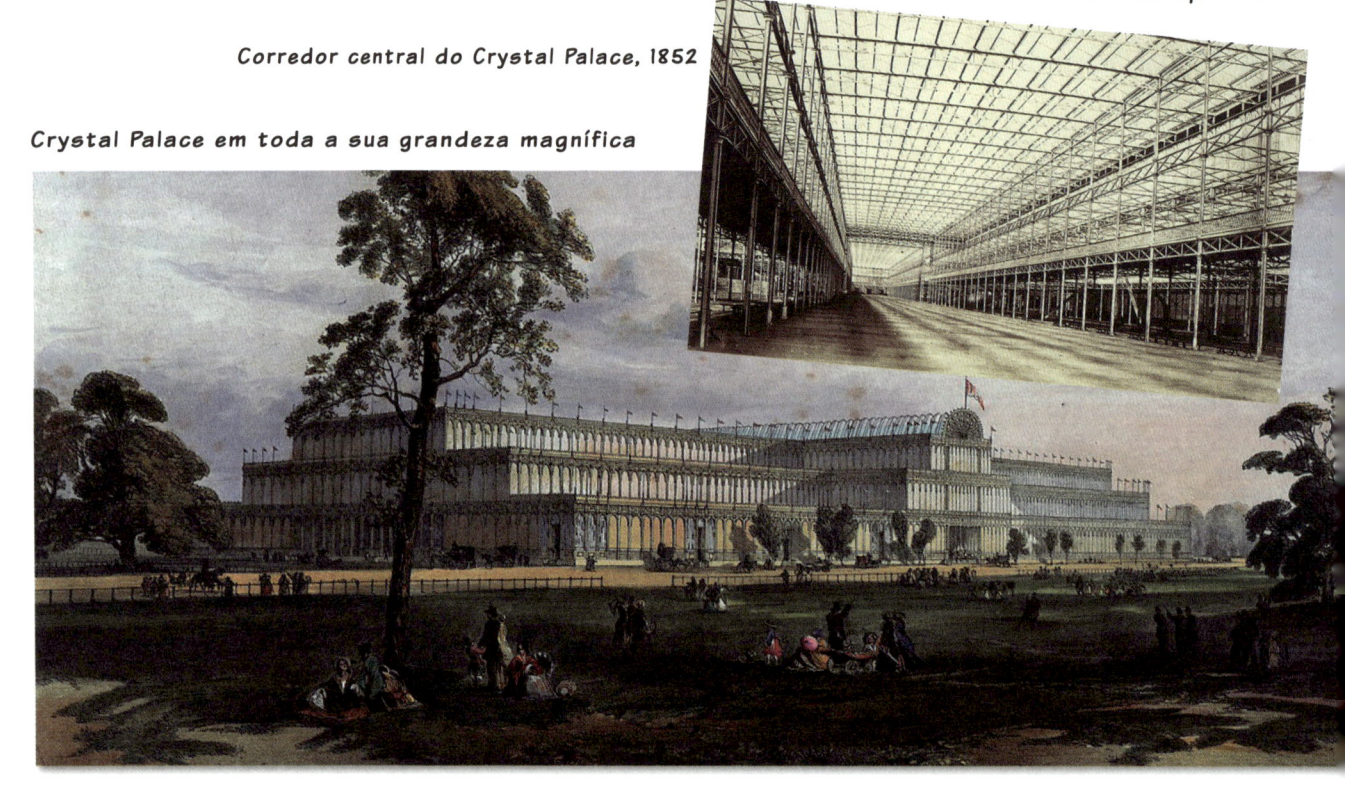

ESSA EXPERIÊNCIA E ESSE SUCESSO DO CRYSTAL PALACE NÃO PASSARAM DESAPERCEBIDOS PELOS ARQUITETOS E ENGENHEIROS DESSE PERÍODO. EM INÚMEROS EDIFÍCIOS, FOI APROVEITADA A SUA PROPOSTA DE: **EXCELÊNCIA EM ARQUITETURA, EFICIÊNCIA EM ENGENHARIA E RAPIDEZ DE CONSTRUÇÃO ATRAVÉS DE UM SISTEMA LEVE DE INDUSTRIALIZAÇÃO DE COMPONENTES CONSTRUTIVOS**.

1860
INÍCIO DAS OBRAS PARA A CONSTRUÇÃO DO **METRÔ DE LONDRES**

1863
LOUIS PASTEUR INVENTA O PROCESSO DE **PASTEURIZAÇÃO** NA FRANÇA

UM EXEMPLO: EM 1848, TEVE UM CONCURSO DE PROJETOS DE ARQUITETURA EM PARIS PARA A CONSTRUÇÃO DO MERCADO CENTRAL, QUE VIRIA A SER O FAMOSO LES HALLES. OS TRABALHOS APRESENTADOS ERAM MUITO ANTIGOS E PESADOS, AINDA BASEADOS NAS CONSTRUÇÕES COM GROSSAS PAREDES ESTRUTURAIS DE PEDRA E NA VELHA ARQUITETURA DE ORNAMENTOS E ENFEITES. MESMO ASSIM ESCOLHERAM UM PROJETO, O DE VICTOR BALTARD (1805-1874), GRANDE ARQUITETO DO SÉCULO 19. MAS LOGO NO COMEÇO DA CONSTRUÇÃO, EM 1851, MESMO ANO DA INAUGURAÇÃO DO CRYSTAL PALACE, TUDO FOI DEMOLIDO POR NAPOLEÃO III – OU SEJA, NAPOLEÃO ESTAVA ESPERTO.

LIGADO NA CONCORRÊNCIA, ELE NÃO GOSTOU NADA DO QUE ESTAVAM FAZENDO E RECLAMOU QUE QUERIA UMA CONSTRUÇÃO COM FINAS COLUNAS E LEVE COBERTURA COM PLACAS DE VIDRO, UMA CLARA ALUSÃO À LEVEZA E TRANSPARÊNCIA DO CRYSTAL PALACE.

QUERO O MERCADO COMO UM GRANDE GUARDA CHUVA!

Napoleão III, por volta de 1865

Ilustração do Les Halles, criado por Victor Brand, visto da catedral de Saint Eustache, Paris, 1870

DEPOIS DE UM POUCO DE CONFUSÃO, UM NOVO PROJETO FOI APRESENTADO EM 1854 PELO MESMO BALTARD. POR FIM, O GRANDE MERCADO LES HALLES, CRIADO A PARTIR DOS PRINCÍPIOS BÁSICOS DO CRYSTAL PALACE, SOBREVIVEU POR APROXIMADAMENTE 120 ANOS, ATÉ 1971, QUANDO INFELIZMENTE FOI DEMOLIDO.

1863
NA FRANÇA, ÉDOUARD MANET PINTA **LE DÉJEUNER SUR L'HERBE**, UMA DAS PRIMEIRAS OBRAS IMPRESSIONISTAS

1865
PRESIDENTE AMERICANO ABRAHAM LINCOLN É **BALEADO** ENQUANTO ASSISTE A UMA PEÇA DE TEATRO EM WASHINGTON

O PRÉDIO COM MAIS DE 90 MIL M² DE ÁREA FOI MONTADO SEM ENERGIA ELÉTRICA, EM APENAS 4 MESES. JÁ PENSOU?!

1866 DOSTOIÉVSKI PUBLICA **CRIME E CASTIGO** NA RÚSSIA

1867 ALFRED NOBEL PATENTEIA A **DINAMITE** NA GRÃ-BRETANHA

1868 PIERRE E ERNEST MICHAUX FABRICAM, NA FRANÇA, AS **PRIMEIRAS BICICLETAS** DO MUNDO

A PARTIR DAÍ, O CRYSTAL PALACE ESPALHOU SEU DNA PARA TODO LADO E FOI A GRANDE CONQUISTA PIONEIRA NA NOSSA HISTÓRIA, UM EDIFÍCIO QUE FOI PENSADO COMO UMA GRANDE SÍNTESE DE SUAS PARTES, TUDO CUIDADOSAMENTE ESTUDADO, PEÇA POR PEÇA, E CONCEBIDO COMO UM MÉTODO DE MONTAGEM, DESMONTAGEM E REMONTAGEM. POR SEU TAMANHO, NAQUELA ÉPOCA... UMA AVENTURA INCRÍVEL!!!

E, DE FATO, NO ANO DE 1852 O CRYSTAL PALACE FOI TODINHO DESMONTADO E REMONTADO EM SYDENHAM HILL, NA PERIFERIA DE LONDRES. IMAGINE O TRABALHO DE ENGENHARIA – JÁ SERIA COMPLICADO HOJE, MAIS DE 170 ANOS DEPOIS. LÁ ELE FUNCIONOU COMO ESPAÇO DE GRANDES EXPOSIÇÕES ATÉ 1936, QUANDO FOI DESTRUÍDO PELO FOGO, QUASE 90 ANOS APÓS SUA CONSTRUÇÃO.

Moeda comemorativa de 1854

O incêndio de 30 de novembro de 1936 destruiu o Crystal Palace

ESSA OBRA SE COLOCA COMO UM GRANDE MARCO NA HISTÓRIA DA ARQUITETURA E ANTECIPA O LEGADO DA REVOLUÇÃO INDUSTRIAL PARA A ARQUITETURA MODERNA: UMA CONQUISTA PIONEIRA DO PENSAMENTO INDUSTRIAL APLICADO NA ARQUITETURA E NA CONSTRUÇÃO. TEREMOS DE ESPERAR QUASE 50 ANOS PARA VER AS CARACTERÍSTICAS PRINCIPAIS DESSE PRÉDIO – EXCELÊNCIA EM ARQUITETURA A PARTIR DE COMPONENTES INDUSTRIALIZADOS – RESSURGIREM NUMA ABORDAGEM MAIS CONTEMPORÂNEA POR MEIO DOS MESTRES DA ARQUITETURA DA ESCOLA DE CHICAGO, NOS ESTADOS UNIDOS.

1869
JULES VERNE PUBLICA **VINTE MIL LÉGUAS SUBMARINAS** NA FRANÇA

1871
FORMAÇÃO DO **IMPÉRIO ALEMÃO**

1872
AS **PRIMEIRAS MÁQUINAS DE ESCREVER** SÃO PRODUZIDAS PELA REMINGTON, NOS EUA

ESCOLA DE CHICAGO

Edifício Home Insurance.
William Le Baron Jenney,
Chicago, 1885

THE CHICAGO BUILDING OF THE HOME INSURANCE CO.

OF NEW YORK

ASSIM COMO A REVOLUÇÃO INDUSTRIAL NÃO FOI UMA REVOLUÇÃO DE ARMAS, A ESCOLA DE CHICAGO, SURGIDA NOS ESTADOS UNIDOS NO FIM DO SÉCULO 19, NÃO FOI UMA ESCOLA OU FACULDADE. ELA É ASSIM CHAMADA PORQUE REUNIU NA CIDADE, NUM PERÍODO DE TEMPO RELATIVAMENTE CURTO, UM GRANDE CONJUNTO DE PRÉDIOS COM PRINCÍPIOS E IDEIAS ARQUITETÔNICAS PIONEIRAS E SIMILARES.

CHICAGO, ATÉ OS ANOS 1970 MAIS OU MENOS, ERA BASICAMENTE TODA COMPOSTA DE CASAS DE MADEIRA STANDARTIZADAS PELO SISTEMA DE CONSTRUÇÃO CHAMADO BALLOON FRAME, SISTEMA ESTE QUE, PELA SUA LEVEZA – O NOME JÁ DIZ TUDO –, RAPIDEZ E PRATICIDADE, SE ESPALHOU POR TODO PAÍS A PARTIR DOS ANOS 30 DO SÉC. 19...

"Bell's Carpentry Made Easy", explicando o sistema balloon frame. Wiliam Bell, 1858

Operários construindo com o sistema balloon frame, 1877

Casinhas balloon frame na paisagem urbana de Chicago antes do incêndio de 1871

1876
ALEXANDER GRAHAM BELL INVENTA O **TELEFONE** NOS EUA

1877
TOLSTÓI CONCLUI **ANNA KARENINA** NA RÚSSIA

1877
ESTREIA EM MOSCOU **O LAGO DOS CISNES**, DE TCHAIKÓVSKI

Chicago in flames, litografia.
Currier & Ives, 1871

NO VERÃO DE 1871, CHICAGO SOFREU UM GRANDE INCÊNDIO. CERCA DE $1/3$ DA CIDADE FOI DESTRUÍDO E QUASE 100 MIL PESSOAS FICARAM DESABRIGADAS.

LOGO FOI CRIADO UM PLANO DE DESENVOLVIMENTO URBANO QUE IMEDIATAMENTE SEDUZIU O MERCADO IMOBILIÁRIO E ENVOLVEU OS GRANDES ARQUITETOS DA ÉPOCA, COMO HOLABIRD & ROCHE, DANIEL BURNHAM, LOUIS SULLIVAN, ENTRE OUTROS.

1879
THOMAS EDISON INVENTA A **LÂMPADA INCANDESCENTE** NOS EUA

1880
RODIN ESCULPE A PRIMEIRA VERSÃO DE **O PENSADOR** NA FRANÇA

1882
OS INGLESES INVADEM O EGITO E DÃO INÍCIO À **GUERRA ANGLO-EGÍPCIA**

NAQUELA ÉPOCA, FINAL DO SÉCULO 19, OS ESTADOS UNIDOS:

 ERAM *O MAIOR PRODUTOR DE AÇO DO MUNDO;*

 COMEÇAVAM A TRANSFORMAR EM ROTINA BARATA A PRODUÇÃO DE PILARES E VIGAS PARA GALPÕES METÁLICOS;

 PRECISAVAM DE UM PLANO DE RECONSTRUÇÃO PARA CHICAGO.

Mapa de Chicago em 1871 mostrando a área incendiada

Chicago devastada após incêndio, 1871

1885 LOUIS PASTEUR DESENVOLVE NA FRANÇA A **VACINA ANTIRRÁBICA**

1886 O FARMACÊUTICO JOHN PEMBERTON INVENTA A **COCA-COLA** NOS EUA

1886 A COMPANHIA ALEMÃ DMG PRODUZ O **PRIMEIRO CARRO MOVIDO A GASOLINA** DO MUNDO

ASSIM SURGIU, LÁ POR 1880, A **ESCOLA DE CHICAGO**, UM MOVIMENTO ARQUITETÔNICO QUE SE CARACTERIZOU PELA CONSTRUÇÃO DOS PRIMEIROS EDIFÍCIOS ALTOS FEITOS EM ESTRUTURA METÁLICA. OS PRÉDIOS FORAM CONSTRUÍDOS NUM PERÍODO DE TEMPO MUITO CURTO, UTILIZANDO O SISTEMA DE PILARES E VIGAS METÁLICAS – O FAMOSO ESQUELETO EM AÇO QUE TIRAVA A FUNÇÃO ESTRUTURAL DAS ESPESSAS PAREDES DE PEDRA E TIJOLOS DA MAIORIA DOS EDIFÍCIOS ATÉ ENTÃO. HOJE PARECE ÓBVIO, MAS NA ÉPOCA FOI UM CHOQUE VER UMA CONSTRUÇÃO SUBIR SÓ COM UMA OSSATURA METÁLICA.

ANTES DA ESCOLA DE CHICAGO, TODAS AS PAREDES ERAM GROSSAS E ESTRUTURAIS, OU SEJA, MONTAVA-SE A PAREDE DO ANDAR DE CIMA SOBRE A DO ANDAR DE BAIXO, E ASSIM IAM, UMA EM CIMA DA OUTRA. COMO CONSEQUÊNCIA, AS FACHADAS TINHAM POUCAS E PEQUENAS ABERTURAS E OS PRÉDIOS ERAM PESADOS E ESCUROS. ALÉM DISSO, NÃO SE PODIA MEXER NA PLANTA DE NENHUM ANDAR, PELO SÉRIO RISCO DE TUDO VIR ABAIXO. POR DENTRO ERA UMA ARQUITETURA VERDADEIRAMENTE SISUDA. QUER UM EXEMPLO? VEJA O PRÉDIO ABAIXO E COMPARE COM O PRÉDIO DA PRÓXIMA PÁGINA.

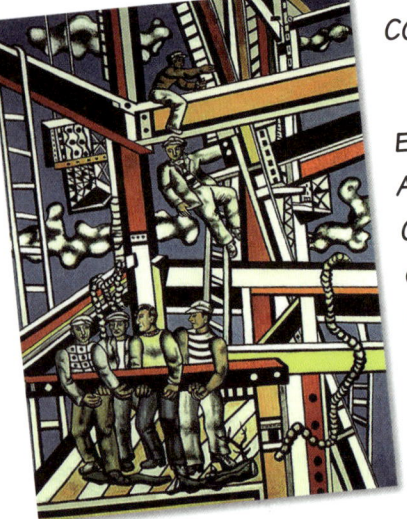

Os construtores Fernand Léger, 1950, França. Clara referência ao início das construções de estrutura metálica

COM O USO DE PILARES E VIGAS METÁLICOS, AS PAREDES INTERNAS NÃO PRECISAVAM MAIS SUPORTAR A CARGA ESTRUTURAL DOS ANDARES SUPERIORES E PODIAM SER **COMPLETAMENTE REMOVIDAS**, DEIXANDO LIVRE A PLANTA DE CADA ANDAR, PODENDO-SE PORTANTO PROJETAR UM ANDAR DIFERENTE DO OUTRO, O QUE DE FATO COMEÇOU A ACONTECER. E COMO AS PAREDES EXTERNAS NÃO PRECISAVAM MAIS SER GROSSONAS, ESTRUTURAIS, AS PEQUENAS ABERTURAS EXTERNAS FORAM SUBSTITUÍDAS POR GRANDES JANELAS – CAIXILHOS, EM ARQUITETÊS – DE FERRO E VIDRO. LOGO ESSES JANELÕES FORAM AUMENTANDO DE TAMANHO, INDO DE PILAR A PILAR E DE LAJE A LAJE, PRATICAMENTE ELIMINANDO OS PEITORIS DE TIJOLOS E INUNDANDO DE LUZ NATURAL O INTERIOR DOS NOVOS ESCRITÓRIOS. FÁCIL IMAGINAR O QUANTO ISSO FOI CHOCANTE PRA ÉPOCA.

Sherman House. W. W. Boyington, Chicago, 1861-1871

1887

INÍCIO DA CONSTRUÇÃO EM PARIS DA **TORRE EIFFEL**, PROJETADA PELO ENGENHEIRO GUSTAVE EIFFEL

1888

HEINRICH HERTZ DEMONSTRA A EXISTÊNCIA DAS **ONDAS ELETROMAGNÉTICAS** NA ALEMANHA

O PRIMEIRO EDIFÍCIO A EXPLORAR ESSE SISTEMA DE ESQUELETO METÁLICO E SUAS CONSEQUÊNCIAS NA LIBERDADE DA PLANTA FOI O I LEITER BUILDING, PROJETADO PELO ENGENHEIRO E ARQUITETO **WILLIAM LE BARON JENNEY** (1832-1907) EM 1879. DE NOVO OS ENGENHEIROS, PROVAVELMENTE MAIS APTOS ÀS MUDANÇAS TECNOLÓGICAS, SAÍRAM NA FRENTE.

I Leiter Building.
William Le Baron Jenney,
Chicago, 1879

EM RESUMO, OS PRÉDIOS DA ESCOLA DE CHICAGO FICARAM CARACTERIZADOS, PRINCIPALMENTE:

1. POR SEREM OS PRIMEIROS EDIFÍCIOS EM ALTURA COM ESTRUTURA – PILARES E VIGAS – METÁLICA;
2. PELA PLANTA LIVRE, SEM PAREDES ESTRUTURAIS INTERNAS;
3. POR SUAS JANELAS – PELOS PILARES E VIGAS CADA VEZ MAIS FINOS – CADA VEZ MAIS AMPLAS E TRANSPARENTES, APROVEITANDO AO MÁXIMO A ILUMINAÇÃO NATURAL.

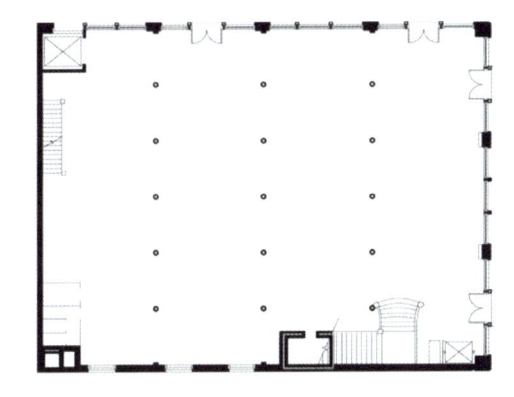

1889

O AMERICANO HERMAN HOLLERITH, UM DOS FUTUROS FUNDADORES DA IBM, INVENTA A **MÁQUINA TABULADORA DE CARTÕES PERFURADOS** NOS EUA

1889

ABERTURA DO CABARÉ **MOULIN ROUGE** EM PARIS

1892

O ENGENHEIRO RUDOLF DIESEL INVENTA O **MOTOR A DIESEL** NA ALEMANHA

NOS ANOS SEGUINTES FORAM CONSTRUÍDOS OUTROS EDIFÍCIOS DO MESMO AUTOR E ESSA SOLUÇÃO ESTRUTURAL E ESTÉTICA SE TORNOU O EMBRIÃO ARQUITETÔNICO DE UM PROJETO QUE, COM PEQUENAS MUDANÇAS, SE ESPALHOU POR TODA A AMÉRICA E VIGORA MAIS OU MENOS ATÉ OS DIAS DE HOJE.

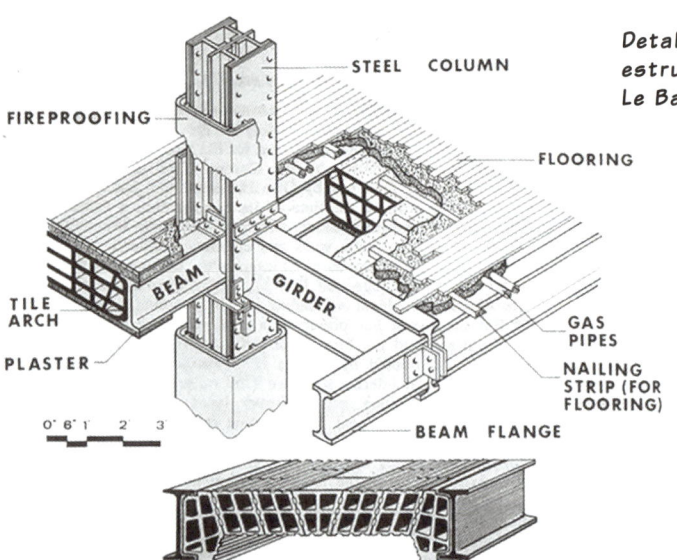

Detalhe do sistema estrutural concebido por Le Baron Jenney

William Le Baron Jenney (1832-1907)

Esqueleto metálico do Edifício Home Insurance. Le Baron Jenney, Chicago, 1885

Edifício Home Insurance. Le Baron Jenney, Chicago, 1885

1890

CÉZANNE INICIA A SÉRIE **LES JOUEURS DE CARTES,** NA FRANÇA

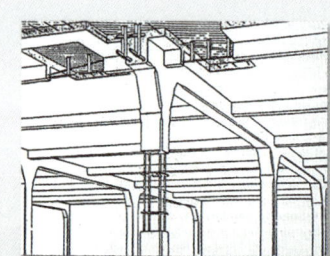

1892

FRANÇOIS HENNEBIQUE PATENTEIA NA BÉLGICA UM **SISTEMA DE CONSTRUÇÃO EM CONCRETO ARMADO**

ENTRE OS ARQUITETOS QUE SURGIRAM COM A ESCOLA DE CHICAGO, O MAIOR FOI LOUIS SULLIVAN (1856-1924), O SEU GRANDE MESTRE.

ELE ESTUDOU ENGENHARIA NO MIT, NO INÍCIO DOS ANOS 1870, COM 16 ANOS, MAS PARECE QUE NÃO CURTIU MUITO. FICOU APENAS 1 ANO NA FACULDADE E FOI TRABALHAR NO ESCRITÓRIO DO PIONEIRO LE BARON JENNEY, NO BOOM DO INÍCIO DA RECONSTRUÇÃO DE CHICAGO.

Edifício Bayard-Condict.
Louis Sullivan, Nova York, 1899

Louis Sullivan
em 1895

Edifício Wainwright.
Louis Sullivan,
St. Louis, 1891

EM 1874, SULLIVAN LARGOU O EMPREGO E FOI ESTUDAR ARQUITETURA NA ESCOLA DE BELAS-ARTES DE PARIS; JÁ NO ANO SEGUINTE VOLTOU A CHICAGO – COMO SE VÊ, ELE NÃO CURTIA MUITO UM BANCO DE ESCOLA – E SE ASSOCIOU AO ENGENHEIRO DANKMAR ADLER (1844-1900), COM QUEM PROJETOU EDIFÍCIOS RECONHECIDOS ATÉ HOJE COMO OBRAS-PRIMAS DA ARQUITETURA DA ÉPOCA. EXPLORANDO AS CARACTERÍSTICAS DA ESCOLA DE CHICAGO, ELE ABOLIU AS PESADAS PAREDES E AMPLIOU AO MÁXIMO OS CAIXILHOS – ISSO, JANELAS! –, PERMITINDO MUITO MAIS LUZ NATURAL NO INTERIOR DOS EDIFÍCIOS. E PROCUROU EXPRESSAR A ARQUITETURA ATRAVÉS DA PRÓPRIA ESTRUTURA METÁLICA, SEPARANDO A BASE, O CORPO E O TOPO DO EDIFÍCIO. TUDO COM PROPORÇÃO E ELEGÂNCIA, INCLUSIVE NOS ORNAMENTOS QUE ÀS VEZES UTILIZAVA.

1895

IRMÃOS LUMIÈRE CONSTROEM O PRIMEIRO **APARELHO CINEMATOGRÁFICO** NA FRANÇA

1896

MARCONI INVENTA O **RÁDIO** NA ITÁLIA

1896

ACONTECEM NA GRÉCIA OS PRIMEIROS **JOGOS OLÍMPICOS MODERNOS**

HELLAS

80
ΕΛΛΗΝΙΚΗ ΔΗΜΟΚΡΑΤΙΑ
1896
1996

SUA PRIMEIRA GRANDE OBRA FOI O EDIFÍCIO AUDITORIUM, EM 1886-1890, 1 COMPLEXO QUE INCLUÍA 1 AUDITÓRIO COM 4.200 LUGARES E 1 PRÉDIO DE 17 ANDARES COM HOTEL E ESCRITÓRIOS, ALÉM DE LOJAS NO TÉRREO.

É UM SOFISTICADO PROJETO MESMO PARA OS DIAS DE HOJE, COM O PIONEIRO "USO MISTO", TÃO NA MODA ATUALMENTE.

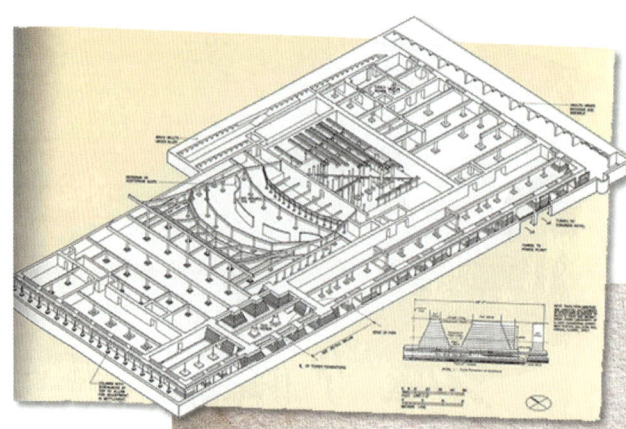

Perspectiva e corte do Edifício Auditorium. Adler & Sullivan, Chicago, 1890

"Auditorium Hotel, Chicago", cartão-postal publicado por Tichnor Brothers. Adler & Sullivan, Chicago, 1890

Edifício Auditorium em construção. Adler & Sullivan, Chicago, 1888

LOGO A FAMA DO ESCRITÓRIO ADLER & SULLIVAN SE ESPALHOU PELOS ESTADOS UNIDOS, E ELE PROJETOU INÚMEROS EDIFÍCIOS DENTRO E FORA DE CHICAGO, SENDO NA ÉPOCA UM DOS ESCRITÓRIOS MAIS IMPORTANTES DO PAÍS.

1897

INÍCIO DA GUERRA **GRECO-TURCA** NA GRÉCIA

1898

GAUGUIN PINTA **O CAVALO BRANCO** NA FRANÇA

1899

MONET INICIA A SÉRIE **NENÚFARES** NA FRANÇA, QUE CONTÉM MAIS DE 250 PINTURAS

ADLER E SULLIVAN PROJETARAM O STOCK EXCHANGE BUILDING EM 1894 E, EM 1896, O EDIFÍCIO GUARANTY – O ÚLTIMO DA DUPLA, QUANDO ENTÃO A SOCIEDADE FOI DESFEITA. A PARTIR DAÍ, SULLIVAN, QUE JÁ ATUAVA SOZINHO EM ALGUNS TRABALHOS, SEGUIU CARREIRA SOLO PROJETANDO ALGUNS CLÁSSICOS DA ARQUITETURA AMERICANA.

Edifício Guaranty.
Adler & Sullivan, Buffalo, 1896

Edifício Stock Exchange.
Adler & Sullivan, Chicago, 1894

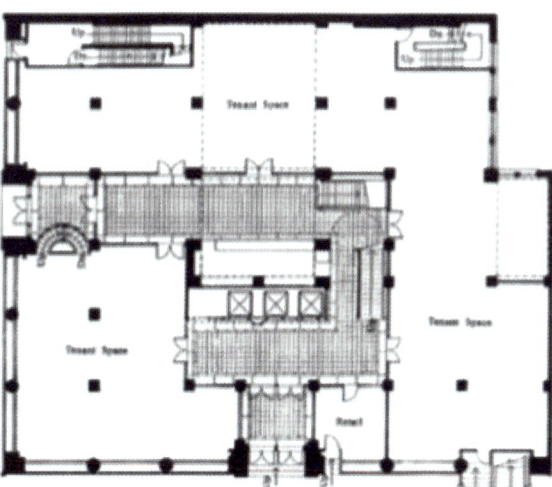

Planta Edifício Guaranty.
Adler & Sullivan, Buffalo, 1896

1900

O PRIMEIRO **ZEPELIM** DO MUNDO FAZ SEU VOO INAUGURAL NA ALEMANHA

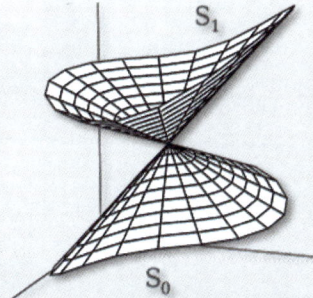

1900

NA ALEMANHA, MAX PLANCK DESENVOLVE A **TEORIA QUÂNTICA**

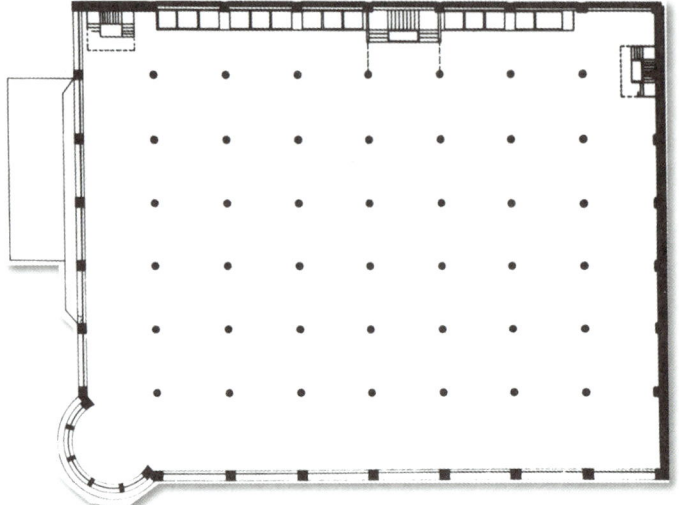

Planta Edifício Carson, Pirie&Scott. Louis Sullivan, Chicago, 1899

EM 1899-1904, SULLIVAN PROJETOU SOZINHO O MAIS IMPORTANTE - E PRATICAMENTE O ÚLTIMO - EDIFÍCIO DE SUA CARREIRA, O EDIFÍCIO CARSON, PIRIE & SCOTT, QUE INCORPORA TODA A LIMPEZA DE FORMAS DA ESCOLA DE CHICAGO, REVELANDO UMA MODERNIDADE VÁLIDA AINDA PARA OS DIAS DE HOJE.

Edifício Carson, Pirie&Scott. Louis Sullivan, Chicago, 1899

ALÉM DISSO, SULLIVAN É UNANIMEMENTE RECONHECIDO COMO O GRANDE GURU DE FRANK LLOYD WRIGHT (1867-1959), O MAIOR ARQUITETO AMERICANO DA HISTÓRIA. ELES TRABALHARAM JUNTOS NO ESCRITÓRIO DE SULLIVAN DURANTE OS ANOS 1880. ERA O AUGE DA VIDA PROFISSIONAL DE SULLIVAN E O INÍCIO DA CARREIRA DO JOVEM FRANK, QUE, POR 6 ANOS – 1887 A 1893 –, FOI O QUERIDINHO DE SULLIVAN. A AMIZADE TERMINOU QUANDO SULLIVAN DESCOBRIU QUE O JOVEM E TALENTOSO ARQUITETO ESTAVA ATENDENDO CLIENTES ESCONDIDO: FRANK FEZ UNS 10 PROJETOS DE CASAS, NA MOITA, QUE DEVERIAM SER DO ESCRITÓRIO DE SULLIVAN. FICARAM 12 ANOS SEM SE FALAR.

1901

KANDINSKY FUNDA A **PHALANX**, ASSOCIAÇÃO DE ARTISTAS MODERNOS DA ALEMANHA

1903

MARIE CURIE, NA FRANÇA, É 1ª MULHER A GANHAR O **PRÊMIO NOBEL** DE FÍSICA PELA DESCOBERTA DA RADIAÇÃO

1903

HENRY FORD FUNDA A **FORD MOTOR** COMPANY NOS EUA

É DE SULLIVAN O MAIS CONHECIDO, DISCUTIDO E ANALISADO SLOGAN – EM ARQUITETÊS, AFORISMO – DA HISTÓRIA DA ARQUITETURA MODERNA: "FORMA SEGUE FUNÇÃO". 3 PALAVRAS TÃO SIMPLES, MAS QUE ATÉ HOJE ESTÃO NO CENTRO DAS DISCUSSÕES E SUMARIZAM TODO O PENSAMENTO ARQUITETÔNICO MODERNO ATÉ HOJE.

A FORMA EXTERNA DO EDIFÍCIOS DEVE OBEDECER ÀS SUAS FUNÇÕES INTERNAS; OU SEJA, A BELEZA ARQUITETÔNICA VEM DE SABER EXPRESSÁ-LA POR MEIO DA FUNÇÃO DO ESPAÇO INTERNO. E ISSO SEGUE SENDO MAIS OU MENOS ASSIM ATÉ OS DIAS DE HOJE – BASTA LEMBRARMOS DE HABERMAS, FILÓSOFO ALEMÃO APRESENTADO NAS PRIMEIRAS PÁGINAS: A MODERNIDADE NÃO FICOU ANTIGA... ELA AINDA NÃO ACABOU!

Forma segue fiasco.
Peter Blake, 1977

Planta Edifício Van Allen.
Louis Sullivan, Clinton,
Iowa, 1914

Edifício Van Allen.
Louis Sullivan,
Clinton, Iowa,
1914

Edifício Van Allen
em construção.
Louis Sullivan,
Clinton, Iowa,
1913

A FRASE DE SULLIVAN GEROU ALGUMAS VARIANTES ATRAVÉS DOS TEMPOS, COMO "FORMA PERMITE FUNÇÃO", PELOS QUE QUISERAM ATUALIZÁ-LA; OU "FORMA SUGERE FUNÇÃO", PARA OS MAIS LIBERAIS. MAIS RECENTEMENTE, TIVEMOS AINDA "FORMA SEGUE FIASCO", CRIADA NOS ANOS 1970 POR AQUELES QUE ERAM AVESSOS À ARQUITETURA MODERNA E QUISERAM INVENTAR UMA ARQUITETURA DIFERENTE, A PÓS-MODERNA – QUE NÃO DEU MUITO CERTO. MAS ISSO É ASSUNTO PARA UM OUTRO GIBIZÃO...

1903

LENIN SE TORNA O **LÍDER BOLCHEVIQUE** NA RÚSSIA

1905

FREUD DESENVOLVE NA FRANÇA A **TEORIA DA PSICOSSEXUALIDADE**

1905

NA FRANÇA, OS IRMÃOS PATHÉ SÃO OS PRIMEIROS A COMERCIALIZAR O **DISCO DE VINIL**

O FINAL DA VIDA DE SULLIVAN FOI BASTANTE BAGUNÇADO. ELE SE CASOU EM 1899, JÁ COM 43 ANOS, COM MARGARET HATTABOUGH E NÃO TEVE FILHOS. SUA CARREIRA, INEXPLICAVELMENTE – OU EXPLICAVELMENTE, POR CAUSA DE MUITA BIRITA – FOI DECAINDO E AS ENCOMENDAS DE PROJETOS FORAM DIMINUINDO. EM 1909, LEILOOU SEUS MÓVEIS E SUA GRANDE BIBLIOTECA. SUA MULHER O DEIXOU ALGUNS ANOS MAIS TARDE E COM O PASSAR DOS ANOS ELE FOI VENDENDO SUAS PROPRIEDADES. NO FIM DE SUA CARREIRA, SOBREVIVIA COM A AJUDA DE AMIGOS MORANDO NUM QUARTO DE PENSÃO, SEM CASA NEM ESCRITÓRIO, USANDO UMA ESCRIVANINHA EMPRESTADA NA SALA DE UM AMIGO, MAS INFELIZMENTE SEM TRABALHO ALGUM. E TUDO ISSO COM MENOS DE 60 ANOS. TRISTE PACAS, NÉ?

Kindergarten Chats, 1918

FORMA SEGUE FIASCO? ATÉ PARECE!

Louis Sullivan em 1923

The autobiography of an idea, 1924

ALÉM DE UMA SÉRIE DE OBRAS-PRIMAS DA ARQUITETURA DA ÉPOCA, SULLIVAN DEIXOU UMA COLEÇÃO DE TEXTOS E LIVROS QUE SÃO ADMIRADOS E ESTUDADOS ATÉ HOJE, COMO KINDERGARTEN CHATS, LANÇADO EM 1918, E THE AUTOBIOGRAPHY OF AN IDEA – "A AUTOBIOGRAFIA DE UMA IDEIA", OLHA SÓ QUE FRASE LINDA E ENCUDADA! –, PUBLICADO NO ANO DE SUA MORTE, 1924. INFELIZMENTE MORREU BEM POBRE, AOS 68 ANOS, SOZINHO E SEM TRABALHO, PRATICAMENTE 20 ANOS DEPOIS DE SEU ÚLTIMO GRANDE PROJETO.

PELA MODERNIDADE E LUCIDEZ DE SUA ARQUITETURA, É CONSIDERADO POR ALGUNS HISTORIADORES O PRIMEIRO ARQUITETO MODERNO DA HISTÓRIA E O PAI DO MODERNISMO.

1906

14-BIS, PROJETADO POR SANTOS-DUMONT NA FRANÇA, VOA 220 METROS E ESTABELECE NOVO RECORDE DE DISTÂNCIA

1906

REGINALD FESSENDEN FAZ A PRIMEIRA **TRANSMISSÃO DE RÁDIO** ATRAVÉS DO OCEANO ATLÂNTICO: DOS EUA PARA A ESCÓCIA

COM A ESCOLA DE CHICAGO OS ARQUITETOS RECUPERARAM O PAPEL DE PROTAGONISTAS, DE AUTORES DAS OBRAS ARQUITETÔNICAS, PAPEL ESSE QUE, NA EUROPA, NESSE SÉCULO, HAVIA FICADO MAIS COM OS ENGENHEIROS, OS GRANDES CRIADORES DA PAISAGEM URBANA NA EUROPA ATRAVÉS DOS GRANDES "GUARDAS-CHUVAS" METÁLICOS.

A ESCOLA DE CHICAGO JUNTOU:

 A TECNOLOGIA DISPONÍVEL – A EFICIENTE E RELATIVAMENTE BARATA INDÚSTRIA SIDERÚRGICA AMERICANA;

 UM SISTEMA CONSTRUTIVO FUNCIONAL – ESTRUTURA ESQUELETO COM MAIS PILARES E VIGAS METÁLICAS;

 UMA EXPRESSÃO ARQUITETÔNICA VERDADEIRA EXPLORANDO A PLANTA E A FACHADA LIVRES, PRINCÍPIOS QUE FORAM ADOTADOS NO MUNDO INTEIRO E SÃO USADOS ATÉ HOJE.

Edifícios do Grupo Gage. Louis Sullivan, Chicago, 1899

1907

COM A PINTURA **LES DEMOISELLES D'AVIGNON**, PICASSO INICIA O CUBISMO EM PARIS

1908

EXÉRCITO ALEMÃO ADOTA A **PISTOLA AUTOMÁTICA PARABELLUM Nº 08**, DESENHADA POR GEORG LUGER

Selo comemorativo de 100 anos
da fundação Werkbund Alemão

ENQUANTO NOS ESTADOS UNIDOS, BEM OU MAL, ESPALHAVAM-SE POR TODO O PAÍS:

 AS CONQUISTAS DA ESCOLA DE CHICAGO;

 A EXPLOSÃO DA INDÚSTRIA SIDERÚRGICA;

 E O "FORMA SEGUE FUNÇÃO" COMO MANTRA... DOGMA... OBRIGAÇÃO DE UMA ARQUITETURA DOS NOVOS TEMPOS...

... NA EUROPA OS MOVIMENTOS CULTURAIS E ARQUITETÔNICOS FERVILHAVAM POR TODOS OS PAÍSES DISCUTINDO BASICAMENTE O CASAMENTO DA INDÚSTRIA COM A ARTE. NO INÍCIO CHAMAVAM ISSO DE ARTES APLICADAS, MAIS TARDE VIROU DESIGN. ESSES MOVIMENTOS ERAM TODOS DE RUPTURA COM OS ESTILOS REBUSCADOS E HISTORICISTAS DO PASSADO.

ASSIM COMEÇARAM A APARECER, NO INÍCIO DO SÉCULO 20, GRUPOS E ASSOCIAÇÕES POR QUASE TODA A EUROPA PREOCUPADOS COM A PRODUÇÃO E A CULTURA DOS OBJETOS DO DIA A DIA E AS RELAÇÕES ENTRE ARQUITETURA E INDÚSTRIA NAQUELE TEMPO DA MECANIZAÇÃO: A FAMOSA MACHINE AGE, OU ÉPOCA DA MÁQUINA.

O filme Tempos modernos, 1936, de Charles Chaplin, lembrando os tempos da machine age

1909

LOUIS BLÉRIOT É O PRIMEIRO PILOTO A **ATRAVESSAR O CANAL DA MANCHA** DE AVIÃO

1910

O PÁSSARO DE FOGO, BALÉ DE STRAVINSKY, ESTREIA EM PARIS

FOI A ÉPOCA DOS FAMOSOS WERKBUNDS, ASSOCIAÇÕES ONDE ARQUITETOS, ARTESÃOS E ARTISTAS SE JUNTAVAM PARA DISCUTIR, PRODUZIR E EXPOR OBJETOS QUE TIVESSEM A CARA DOS NOVOS TEMPOS, OS TEMPOS MODERNOS. OU SEJA, ELES ESTAVAM EM BUSCA DE UMA ESTÉTICA COM UM PÉ – ALIÁS, OS 2 PÉS – NA INDÚSTRIA.

 1907 - WERKBUND ALEMÃO

 1910 - WERKBUND AUSTRÍACO

 1913 - WERKBUND SUÍÇO

 1915 - ENGLISH DESIGN AND INDUSTRIES ASSOCIATION

 1917 - WERKBUND SUECO

Um dos cartazes para a primeira exposição da Deutscher Werkbund de 1914 em Colônia feito por... ele, Peter Behrens

Logotipo da AEG, Peter Behrens, Berlim, 1907

OS "WERKBUNDERS", OU SEJA, ESSE POVO TODO, INFLUENCIADOS PELAS TEORIAS DE J. RUSKIN E PELO TRABALHO DO TAMBÉM INGLÊS WILLIAM MORRIS, UM DOS PIONEIROS NAS "ARTES APLICADAS" – ALGO COMO "ARTE COM FUNÇÃO": TAPEÇARIA, CERÂMICA, TECELAGEM, ETC. – FORAM OS PRIMEIROS A PERCEBER QUE A INDUSTRIALIZAÇÃO NÃO ERA APENAS UM OUTRO SISTEMA DE PRODUÇÃO, MAS UMA NOVA MANEIRA DE PENSAR E VIVER, DE CRIAR FORMAS. A SOCIEDADE ESTAVA MUDANDO MUITO RAPIDAMENTE E A PARTIR DAÍ COMEÇAM A APARECER AS FORMAS LIMPAS, GEOMÉTRICAS E SEM ORNAMENTOS, VINDAS DA MÁQUINA.

Independence Day Of South Africa

1910

AS 4 COLÔNIAS INGLESAS SE UNEM PARA FORMAR A **UNIÃO DA ÁFRICA DO SUL**

1911

GLENN CURTISS INVENTA O **HIDROAVIÃO** NOS EUA

NESSA ÉPOCA, O TRABALHO DESSAS ASSOCIAÇÕES GEROU GRANDE INTERESSE DOS ARQUITETOS E ARTESÃOS – OS FUTUROS DESIGNERS – PELA FILOSOFIA DA MÁQUINA, SEU SIGNIFICADO E SUAS IMPLICAÇÕES.

EM TODOS OS PAÍSES CULTURALMENTE ANTENADOS, QUE NÃO POR ACASO ERAM OS MAIS AVANÇADOS EM TERMOS DE INDUSTRIALIZAÇÃO, SURGIU A PARTIR DE 1900 UMA MENTALIDADE QUE UNIA ARTE, INDÚSTRIA E DESIGN.

E FOI NA ALEMANHA, GRAÇAS AO PIONEIRISMO DO ARQUITETO PETER BEHRENS (1868-1940), QUE ESSAS IDEIAS PRIMEIRO TOMARAM FORMA E MAIS TARDE SE DESENVOLVERAM E FORAM APLICADAS.

Peter Behrens em seu escritório, Alemanha, 1913

Selo alemão em comemoração aos 150 anos de Peter Behrens, Berlim, 2018

1911

KANDINSKY PUBLICA O LIVRO **DO ESPIRITUAL NA ARTE** NA ALEMANHA

1912

INÍCIO DO **PROTETORADO FRANCÊS** NO MARROCOS

1912

ABERTURA DA PRIMEIRA LOJA **CHANEL** NA FRANÇA

PETER BEHRENS, ALÉM DE DESIGNER E PINTOR, FOI O MAIS IMPORTANTE ARQUITETO ALEMÃO DA ÉPOCA PRÉ-1ª GUERRA MUNDIAL. BASTA DIZER QUE, POR VOLTA DE 1910, PASSARAM PELO SEU ESCRITÓRIO COMO JOVENS ESTAGIÁRIOS OS 3 MAIORES ARQUITETOS EUROPEUS DO MOVIMENTO MODERNO, DOS QUAIS VAMOS FALAR MUITO: OS ALEMÃES WALTER GROPIUS E MIES VAN DER ROHE E O FRANCO-SUÍÇO LE CORBUSIER. POR RECEBER ESSAS 3 FERAS MAIS OU MENOS NA MESMA ÉPOCA COMO ESTAGIÁRIOS NO SEU ESCRITÓRIO, NEM PRECISA FALAR MAIS NADA SOBRE A RELEVÂNCIA DE BEHRENS NA CENA ARQUITETÔNICA EUROPEIA, NÉ?

Selo alemão em homenagem à fábrica de turbinas AEG. Peter Behrens, Berlim, 1909

Fábrica de turbinas AEG. Peter Behrens, Berlim, 1909

EM 1907, PETER BEHRENS INICIA SUA GRANDE PARCERIA COM A FÁBRICA DE TURBINAS AEG, PARA SER O RESPONSÁVEL POR TODO O SEU DESIGN. AO PROJETAR MUITOS DE SEUS PRODUTOS, O EDIFÍCIO DA FÁBRICA, LOGOTIPOS E TODA A PAPELARIA, ELE INAUGURA UMA ATIVIDADE ATÉ ENTÃO INEXISTENTE PARA O ARQUITETO: O TOTAL DESIGN.

1912

O TRANSATLÂNTICO **TITANIC** AFUNDA A 600 KM DA COSTA DO CANADÁ

1913

MALEVICH PINTA NA RÚSSIA A 1ª VERSÃO DO QUADRO **QUADRADO PRETO**

DAVID STEVENSON

1914 1918

A HISTÓRIA DA PRIMEIRA GUERRA MUNDIAL

EM 1907, PETER BEHRENS FUNDOU O DEUTSCHER WERKBUND – O WERKBUND ALEMÃO – COM A INTENÇÃO DE JUNTAR ARTISTAS, DESIGNERS E A INDÚSTRIA PARA ALCANÇAR "ALTA QUALIDADE NO TRABALHO INDUSTRIAL".

E FOI A PARTIR DAÍ, COM O SURGIMENTO DE OUTROS WERKBUNDS, QUE O PRECONCEITO COM A ESTÉTICA DA MÁQUINA COMEÇA A DESAPARECER NA EUROPA.

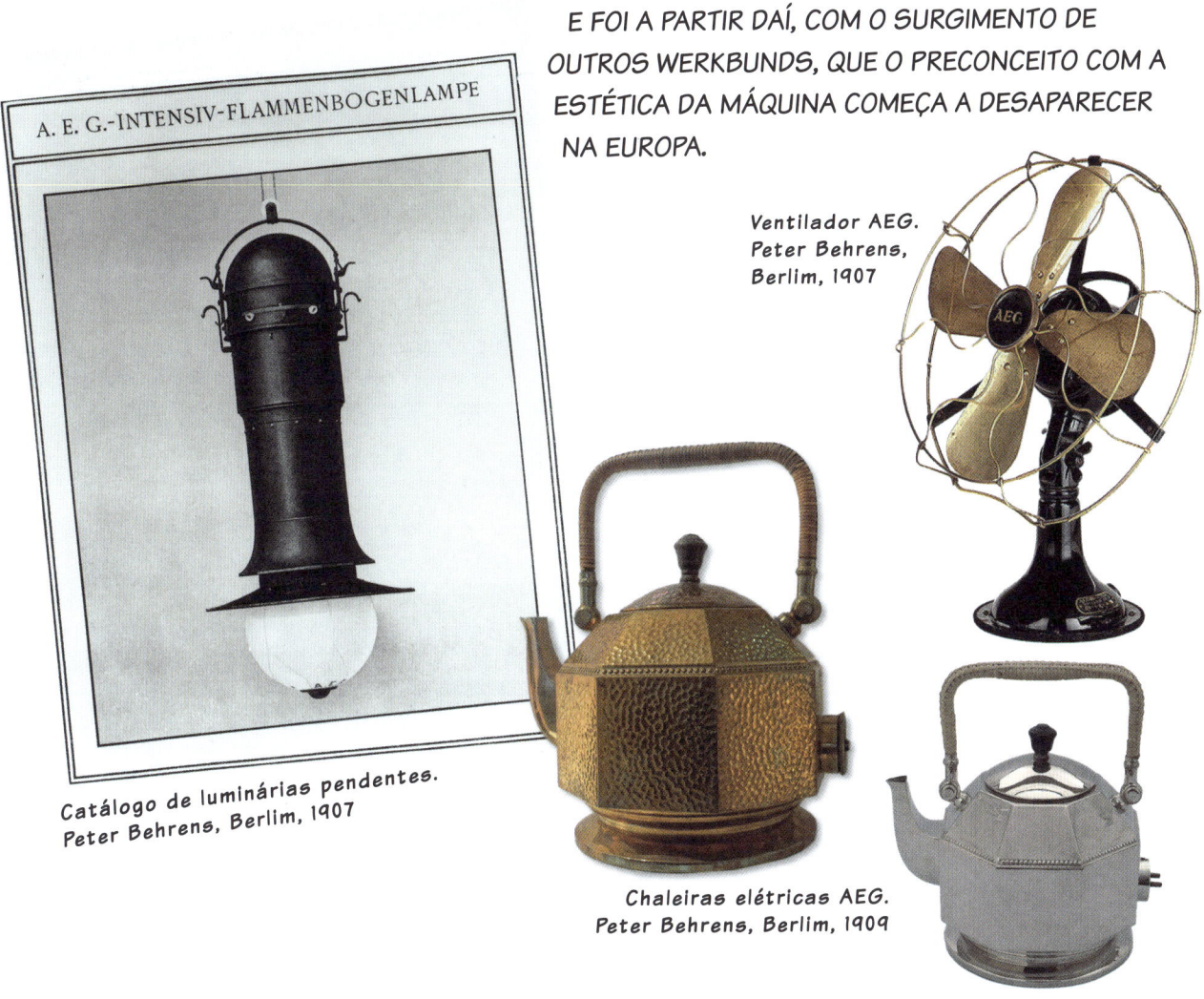

A. E. G.-INTENSIV-FLAMMENBOGENLAMPE

Ventilador AEG.
Peter Behrens,
Berlim, 1907

Catálogo de luminárias pendentes.
Peter Behrens, Berlim, 1907

Chaleiras elétricas AEG.
Peter Behrens, Berlim, 1909

 "NÃO SÃO AS MÁQUINAS QUE FAZEM O TRABALHO SER INFERIOR, MAS NOSSA INABILIDADE EM SABER USÁ-LAS." – THEODOR FISCHER, ARQUITETO ALEMÃO, 1909

 "A CIVILIZAÇÃO MODERNA DEPENDE DA MÁQUINA, E NENHUM SISTEMA DIDÁTICO PARA O ENSINAMENTO DAS ARTES PODE IGNORAR ISSO." – CHARLES ASHBEE, ARQUITETO INGLÊS, 1911

GALERA, ISSO AINDA É O COMECINHO DO SÉCULO 20, UNS 110 ANOS ATRÁS... O MÁXIMO...

1914
INÍCIO DA **1ª GUERRA MUNDIAL** EM SARAJEVO, NA BÓSNIA

1914
CHARLIE CHAPLIN ESTREIA SUA CARREIRA DE ATOR NOS EUA

1914
INAUGURAÇÃO DO **CANAL DO PANAMÁ**

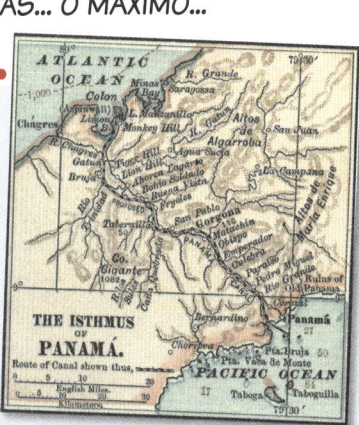

TODA VANGUARDA EUROPEIA DA ÉPOCA FOI INFLUENCIADA PELO WERKBUND ALEMÃO, ABANDONANDO AOS POUCOS AS IDEIAS DAS ASSOCIAÇÕES DE ARTES APLICADAS QUE AINDA DEFENDIAM O ARTESANATO. COMO VIMOS, DE 1910 PRA FRENTE, INÚMEROS PAÍSES CRIARAM SEUS WERKBUNDS, TODOS EM SINTONIA COM A REVOLUCIONÁRIA ESTÉTICA DA ERA INDUSTRIAL.

O MOVIMENTO DOS WERKBUNDS FOI PIONEIRO NA DISCUSSÃO, CRIAÇÃO E FABRICAÇÃO DE OBJETOS PARA ESSA JOVEM SOCIEDADE INDUSTRIAL: PRODUTOS BACANAS FEITOS PELA MÁQUINA. AS NORMAS DIN, HOJE INSTITUTO ALEMÃO DE NORMALIZAÇÃO, QUE PADRONIZA A QUALIDADE INDUSTRIAL, COMEÇARAM EM 1923 MUITO POR INFLUÊNCIA DO WERKBUND ALEMÃO.

Primeira exposição do Werkbund Alemão. Colônia, 1914

Relógio Synchron AEG. Peter Behrens, Alemanha, 1908

PODEMOS PERCEBER FACILMENTE A IMPORTÂNCIA DO WERKBUND ALEMÃO, DE LONGE O MAIS ATIVO, ANTENADO, DINÂMICO E VIVO DA EUROPA. ESSA ASSOCIAÇÃO ORGANIZOU VÁRIAS EXPOSIÇÕES DE PRODUTOS INDUSTRIAIS E DE ARQUITETURA, SENDO AS DE 1914 E DE 1927 AS MAIS IMPORTANTES PARA O MOVIMENTO MODERNO; NA EXPOSIÇÃO DE 1914, OS ARQUITETOS WALTER GROPIUS E ADOLF MEYER PROJETARAM UM EDIFÍCIO, A FÁBRICA-MODELO, QUE FOI CHAMADO PELO HISTORIADOR NIKOLAUS PEVSNER (1902-1983) DE "O VERDADEIRO ESTILO DE NOSSO SÉCULO".

COMO VEREMOS ADIANTE, TODO ESSE CLIMA CONTRIBUIU DECISIVAMENTE PARA QUE GROPIUS FUNDASSE EM WEIMAR, EM 1919, A REVOLUCIONÁRIA ESCOLA BAUHAUS, ONDE FINALMENTE ARTE E INDÚSTRIA, TEORIA E PRÁTICA, OBJETO E ARQUITETURA SE UNIRAM NUM UNIVERSO SÓ.

1915
INÍCIO DO **GENOCÍDIO ARMÊNIO** E DEPORTAÇÃO DE 1,5 MILHÃO DE ARMÊNIOS PELO IMPÉRIO OTOMANO NA TURQUIA

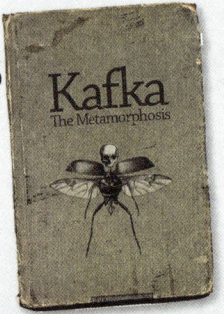

1915
FRANZ KAFKA PUBLICA **A METAMORFOSE** NA ÁUSTRIA

1916
ALBERT EINSTEIN PUBLICA COM 37 ANOS A **TEORIA GERAL DA RELATIVIDADE** NA ALEMANHA

A TIRA ILUSTRA BEM O QUE SE VIVIA NA ÉPOCA. ATÉ OS JORNAIS ENTRARAM NA BRIGA PARA DISCUTIR AS DIFERENTES CADEIRAS: A DO DESIGNER, A DA INDÚSTRIA E A DO MARCENEIRO – ESTA ÚLTIMA, A QUE REALMENTE FUNCIONA.

"Van De Velde projetou a cadeira individual, Muthesius, a cadeira típica, e o carpinteiro a cadeira para se sentar". Cartoon de Karl Arnold, 1914

Detalhe da Fábrica-modelo. Walter Gropius e Adolf Meyer, para a expo do Werkbund Alemão de 1914 – ver p. 101

Livro sobre o grande bairro experimental de Weissenhof para a expo do Werkbund Alemão de 1927, provavelmente a mais importante ação promovida pelo Werkbund para a formação da arquitetura moderna – ver p. 112

A exposição de Weissenhof foi tão importante que provocou outras pela Europa. Na Áustria, em 1932, o Werkbund local organizou uma nos moldes da de Stuttgart, mas focada apenas em habitação popular

1916
NA ALEMANHA, O QUÍMICO JULIUS FROMM PATENTEIA A **CAMISINHA DE LÁTEX**

1916
MALEVICH PUBLICA NA RÚSSIA O **MANIFESTO DO SUPREMATISMO**

1916
RASPUTIN É ASSASSINADO NA RÚSSIA

ENQUANTO ISSO, NA EUROPA, OUTRAS ARQUITETURAS...

O expressionismo alemão no filme *Metrópolis*, de Fritz Lang, Alemanha, 1927

AO MESMO TEMPO QUE A VANGUARDA ARQUITETÔNICA NA ALEMANHA E NA FRANÇA PENSAVA EM FUNCIONALISMO E TECNOLOGIA, ALGUNS DE SEUS ARQUITETOS CAMINHAVAM EM OUTRAS DIREÇÕES, MEIO ISOLADOS, MAS AINDA ASSIM CONTRIBUINDO MUITO PARA A RUPTURA COM OS ESTILOS DO PASSADO E A FORMAÇÃO DE UMA NOVA ARQUITETURA... **A MODERNA**. MESMO PRATICANDO UMA ARQUITETURA FORA DO FUNCIONALISMO E DO RACIONALISMO, TODO MUNDO, OU QUASE, QUERIA ACABAR COM OS ESTILOS – CULTURAIS E SOCIAIS – DO PASSADO... EM ARQUITETURA PRINCIPALMENTE... DANDO ADEUS AO NEOCLÁSSICO E A TUDO QUE SE REFERISSE A UMA ARQUITETURA JÁ VISTA, HISTORICISTA.

POR ESSA ÉPOCA, OUTRAS FORÇAS MEIO ISOLADAS TAMBÉM SURGIRAM PELO RESTO DA EUROPA, QUE, NESSA VIRADA DO SÉCULO, ESTAVA PRONTINHA PARA UMA MUDANÇA DE ATITUDE EM RELAÇÃO ÀS NOVAS CONCEPÇÕES ARQUITETÔNICAS.

Hillhouse. Charles R. Mackintosh, Helensburgh, Escócia, 1904

Cédula de 1985 com a Caixa Econômica Postal Austríaca. Otto Wagner, Viena, 1906

Igreja da Colônia Güell. Antoni Gaudí, Barcelona, 1908

Selo de 1962, Museu Horta. Victor Horta, Bruxelas, 1898

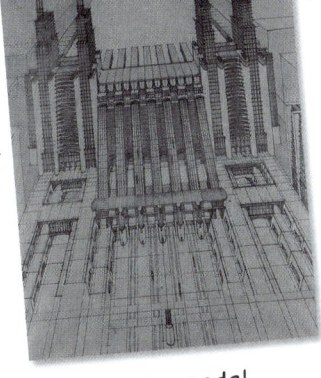

Selo de 1976 do correio finlandês em homenagem a Alvar Aalto

Central Intermodal de transporte; a arquitetura futurista de Antonio Sant'Elia, Itália, 1914

Cartaz de 2009 da exposição DE STIJL, em Boston, EUA, sobre o movimento holandês dos anos 1920

Selo de 1955 com a Bolsa de Valores de Amsterdã. Petrus Berlage, Amsterdã, 1903

1917 LENIN LIDERA O INÍCIO DA **REVOLUÇÃO RUSSA**

1918

AS PRIMEIRAS **GELADEIRAS RESIDENCIAIS** SÃO PRODUZIDAS PELA GUARDIAN FRIGERATOR EM INDIANA, EUA

NA BÉLGICA E NA FRANÇA, O ART NOUVEAU

NO FINAL DO SÉCULO 19 SURGE EM ALGUNS PAÍSES, PRINCIPALMENTE NA BÉLGICA E NA FRANÇA, O MOVIMENTO ART NOUVEAU, QUE BASICAMENTE PROCURA A LIMPEZA DAS FORMAS DOS ESTILOS ANTERIORES, SOBRETUDO O NEOCLÁSSICO. ELE BUSCA A ELEGÂNCIA DAS FORMAS ORGÂNICAS, EM QUE A CURVA DO FERRO, DA MADEIRA E DO CIMENTO PREDOMINA SOBRE A LINHA RETA.

SÃO DESSA ÉPOCA OS TRABALHOS DE VICTOR HORTA (1861-1947) EM BRUXELAS E HECTOR GUIMARD (1867-1942) EM PARIS. EMBORA DISSOCIADOS DE QUALQUER MOVIMENTO DE VANGUARDA DA ÉPOCA, OS 2 FIZERAM OBRAS CUJA SENSUALIDADE DAS FORMAS E DINAMISMO DA BELEZA CHAMARAM A ATENÇÃO DE TODOS NA EUROPA. A SEDUÇÃO DE SUAS CURVAS CONTRASTAVA EM MUITO COM TUDO QUE VINHA SENDO FEITO, FOSSE HISTORICISTA OU FOSSE LIMPO E RACIONAL.

Hotel Van Eetvelde.
Victor Horta, Bruxelas, 1895

Victor Horta em 1900

Entrada de estação de metrô parisiense em estilo art nouveau.
Hector Guimard, 1908

ESSAS OBRAS MUITO CONTRIBUÍRAM PARA O ROMPIMENTO COM OS ESTILOS PASTICHES DO PASSADO QUE AINDA VINHAM SENDO USADOS. O PRÓPRIO NOME, "ARTE NOVA", INDICA A BUSCA POR RUPTURA, FACILITANDO O SURGIMENTO DE ALGO NOVO E DIFERENTE QUE, NA ÉPOCA, ELES AINDA NÃO SABIAM BEM O QUE ERA.

Casa Tassel.
Victor Horta, 1893, Bruxelas

1918
MARCEL DUCHAMP EXIBE NA FRANÇA A OBRA DADAÍSTA **A FONTE**

1918
APROVAÇÃO DO **THE PEOPLE ACT**, QUE ESTABELECEU O VOTO PARA MULHERES ACIMA DE 30 ANOS NA GRÃ-BRETANHA

1918
GRIPE ESPANHOLA SE ESPALHA PELO MUNDO

NA GRÃ-BRETANHA, ARTES APLICADAS

Cadeira HillHouse, 1902

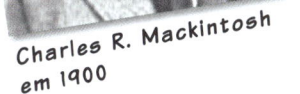

Charles R. Mackintosh em 1900

Hillhouse, Charles R. Mackintosh, Helensburgh, Escócia, 1904

EM GLASGOW, CHARLES RENNIE MACKINTOSH (1868-1928) FOI O MAIS ATUANTE ARQUITETO NA BUSCA POR UM CAMINHO LONGE DAS FORMAS VITORIANAS DA ÉPOCA. ELE ERA ESTUDANTE DA ESCOLA DE ARTES APLICADAS QUANDO VENCEU, EM 1896, UM CONCURSO PARA PROJETAR A NOVA ESCOLA DE ARTE E ARQUITETURA. SEU PROJETO MISTURAVA A ARQUITETURA VERNACULAR – AQUELA QUE TEM UMA CARA MAIS TRADICIONAL, MAIS CONHECIDA NA MEMÓRIA DAS PESSOAS – E AS NOVAS FORMAS DO ART NOUVEAU. FOI, DIGAMOS, O QUE DE MAIS MODERNO ACONTECEU NA GRÃ-BRETANHA DEPOIS DA ARQUITETURA DO FERRO E VIDRO DO SÉCULO 19...

Escola de Artes de Glasgow, Charles R. Mackintosh, Glasgow, 1896

Em 2014, o edifício de Mackintosh pegou fogo e toda a ala oeste teve de ser restaurada. Pasmem: nem 5 anos depois, em 2018, fogo novamente! Dessa vez não sobrou nem a ala leste, e toda a restauração foi por água abaixo...

1919

FUNDAÇÃO DO **MOVIMENTO FASCISTA** NA ITÁLIA

1919

JOHN ALCOCK E ARTHUR BROWN REALIZAM O PRIMEIRO VOO **TRANSATLÂNTICO**, DO CANADÁ PARA A IRLANDA

Casa Mllà, Gaudí,
Barcelona, 1902

NA ESPANHA, GAUDÍ

OUTRA OBRA IMPORTANTE, ISOLADA, MAS MUITO FORTE EM TERMOS DE ESPAÇOS DRAMÁTICOS E EMOCIONANTES, É A DE ANTONI GAUDÍ (1852-1926), TODA ELA CONSTRUÍDA EM BARCELONA, NA ESPANHA.

GAUDÍ ENTROU NA ESCOLA DE ARQUITETURA DE BARCELONA COM 21 ANOS, PORÉM PRECISOU SAIR NA METADE DO CURSO PARA TRABALHAR E AJUDAR SUA FAMÍLIA. ARRUMOU UM EMPREGO JUSTAMENTE NA CONSTRUÇÃO CIVIL E FOI LÁ QUE DESENVOLVEU SUA IMENSA CRIATIVIDADE PARA O OFÍCIO. ELE PROJETOU, CALCULOU E CONSTRUIU ALGUMAS DAS OBRAS MAIS IMPORTANTES ENTRE O FINAL DO SÉCULO 19 E INÍCIO DO 20, MISTURANDO – COM MUITO TALENTO – RELIGIOSIDADE E SENSUALIDADE A PARTIR DE INFLUÊNCIAS CRISTÃS, MOURAS, GÓTICAS, DO ART NOUVEAU E MODERNAS. SEU TRABALHO REVELA UMA CRIATIVIDADE E UM VIGOR ESPACIAL ATÉ HOJE ADMIRADOS POR TODOS – ESTUDANTES, ARQUITETOS, CRÍTICOS E LEIGOS. NÃO POR ACASO, 7 DE SUAS OBRAS FORAM DECLARADAS PATRIMÔNIO DA HUMANIDADE PELA UNESCO.

EM 1914, COMEÇA A ACONTECER UMA GRANDE MUDANÇA EM SUA VIDA: ELE DECIDE SE DEDICAR UNICAMENTE AO PROJETO E CONSTRUÇÃO DA IGREJA DA SAGRADA FAMÍLIA, EM BARCELONA, UMA DAS OBRAS MAIS MARCANTES DA HISTÓRIA DA ARQUITETURA.

Casa Batlló,
Gaudí, Barcelona,
1877

1919
INÍCIO DA **LEI SECA** NOS EUA, QUE DUROU 13 ANOS

1919
MAX ERNST FAZ SUAS PRIMEIRAS **COLAGENS SURREALISTAS** NA ALEMANHA

1920
GANDHI INICIA SUA **CAMPANHA DE DESOBEDIÊNCIA CIVIL** NA ÍNDIA

Arcos no sótão da Casa Milà,
Gaudí, Barcelona, 1906

Cadeira Calvet,
Barcelona, 1898

A OBRA DE GAUDÍ
IMPRESSIONA PELA BELEZA
E ARROJO DOS ESPAÇOS, PELA
SOFISTICAÇÃO ESPONTÂNEA DE SUAS
ESTRUTURAS, AS FORMAS E O COLORIDO DA
NATUREZA E A SEMPRE PRESENTE RELIGIOSIDADE
DOS SEUS ESPAÇOS.

*A LINHA RETA É
DO HOMEM. A
CURVA PERTENCE
A DEUS...*

Croquis da marquise do
Parque Ibirapuera, São
Paulo, 1952-53

Antoni Gaudí em 1878

LEMBRA UM POUCO O QUE O NOSSO OSCAR NIEMEYER,
FALECIDO EM 2012, AOS 104 ANOS DE IDADE, DIRIA UNS
150 ANOS MAIS TARDE:

*NÃO É O ÂNGULO RETO QUE ME ATRAI. NEM
A LINHA RETA, DURA, INFLEXÍVEL, CRIADA
PELO HOMEM. O QUE ME ATRAI É A CURVA
LIVRE E SENSUAL. A CURVA QUE ENCONTRO
NO CORPO DA MULHER AMADA.*

Oscar Niemeyer

1920

EM PARIS,
JOAN MIRÓ
FAZ SUA
PRIMEIRA
EXPOSIÇÃO

1920

ROBERT WIENE
DIRIGE O FILME
**O GABINETE DO
DR. CALIGARI** NA
ALEMANHA

1921

HITLER SE
TORNA CHEFE
DO **PARTIDO
NACIONAL-
SOCIALISTA
ALEMÃO**

EM MEIO À CONSTRUÇÃO DA IGREJA DA SAGRADA FAMÍLIA, GAUDÍ FOI ADOTANDO UM ESTILO DE VIDA CADA VEZ MAIS SIMPLES E DESPOJADO, PASSANDO A MORAR NUM QUARTINHO NA PRÓPRIA OBRA, ONDE INSTALOU SEU ESCRITÓRIO E SEU LABORATÓRIO PARA ESTUDAR NA PRÁTICA AS CARACTERÍSTICAS ESTRUTURAIS DA ARQUITETURA GÓTICA E DOS ARCOS QUE LITERALMENTE INVENTOU PARA SUA OBRA-PRIMA.

SUA VIDA FOI FICANDO CADA DIA MAIS AUSTERA E ENCLAUSURADA NA PRÓPRIA OBRA: ELE ABANDONOU OS TERNOS E CHAPÉUS DA BURGUESIA URBANA E PASSOU A SE VESTIR COMO UM OPERÁRIO E A VIVER ESPARTANAMENTE COMO UM MONGE. TRABALHAVA, COMIA E DORMIA NO CANTEIRO DE OBRAS.

Sagrada Família, Gaudí, Barcelona, 1883

E FOI ASSIM QUE ELE MORREU, ATROPELADO POR UM BONDE QUANDO, DISTRAÍDO, BEM CEDINHO NA MANHÃ DO DIA 7 DE JUNHO DE 1926, SAÍA DE SUA CATEDRAL. COMO ESTAVA VESTIDO DE MANEIRA MUITO HUMILDE E SEM DOCUMENTOS, FOI CONFUNDIDO COM UM PEDINTE E DEIXADO POR HORAS ALI. FALECEU 3 DIAS DEPOIS, NO HOSPITAL DE SANTA CRUZ, APÓS TER DEDICADO 10 ANOS DE SUA VIDA EXCLUSIVAMENTE À SUA CATEDRAL, CONHECIDA COMO A CATEDRAL DOS POBRES.

ESTRUTURA POLIFUNICULAR

No projeto da Igreja da Colônia Güell, em Barcelona, Gaudí determinou o aspecto real da estrutura em arcos e abóbadas. Suspendendo com barbantes sacos de areia com peso proporcional às cargas calculadas, essa cordoalda "desenhava" no espaço, naturalmente, as formas que as estruturas abobadadas fariam. Esse conjunto era fotografado, e a foto, quando virada de ponta-cabeça, mostrava claramente a configuração geométrica real que a estrutura teria. GENIAL!

1921 FUNDAÇÃO DO **PARTIDO COMUNISTA CHINÊS**

中國工農紅軍

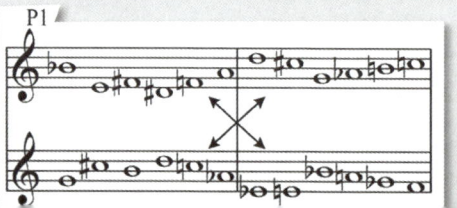

1922 NA ALEMANHA, SCHOENBERG DESENVOLVE A **TEORIA HARMÔNICA** COM AS 12 NOTAS DA ESCALA MUSICAL

P1

1922 FUNDAÇÃO DA **UNIÃO SOVIÉTICA**

Sagrada Família. Gaudí, Barcelona, 1883

A LOUCURA ESPACIAL DO GÊNIO GAUDÍ, SUAS OBRAS E SEU SIGNIFICADO SÃO QUASE INCLASSIFICÁVEIS. EXISTE NO VATICANO UM PROCESSO POR SUA BEATIFICAÇÃO PARA RECONHECER A RELIGIOSIDADE DE SEUS ESPAÇOS, SUA VIDA ESPARTANA DEDICADA À ESPIRITUALIDADE E SUA FÉ E FERVOR EM DEUS, O QUE COROARIA O ENCANTO E A MAGIA DA ARQUITETURA QUE PRODUZIU.

1922 THE TOLL OF THE SEA, O PRIMEIRO FILME EM CORES NATURAIS, É LANÇADO EM HOLLYWOOD

1922 JOHN REITH PARTICIPA DA FUNDAÇÃO DA **BBC** NA INGLATERRA

1922 MUSSOLINI CHEGA AO PODER NA ITÁLIA APÓS A MARCHA SOBRE ROMA

EM VIENA, A "SECESSION"

NA ÁUSTRIA, VIVENDO NO MIOLO DESSA MUVUCA CULTURAL, ARQUITETOS COMO OTTO WAGNER (1841-1918), J. M. OLBRICH (1867-1908) E ADOLF LOOS (1870-1933), O GRANDE MESTRE AUSTRÍACO DESSE PERÍODO, INTEGRARAM O MOVIMENTO SECESSÃO, QUE TAMBÉM ERA CONTRA A ARTE TRADICIONAL E A ARQUITETURA DAS ANTIGAS.

Sede da Secessão Vienense. J. M. Olbrich, Viena, 1898

ELES CHEGARAM A UM RADICALISMO E A UMA LIMPEZA DE FORMAS QUE LEVARAM ADOLF LOOS A CRIAR, EM 1908, O FAMOSO SLOGAN

<u>"ORNAMENTO É UM CRIME",</u>

QUE SINTETIZA MUITO BEM O QUE ESTARIA POR VIR EM TODA A EUROPA. A SUA REVOLUCIONÁRIA STEINER HOUSE, DE 1910, É O MELHOR EXEMPLO: NÃO TINHA NENHUM ENFEITEZINHO, NADA, NADICA. E ISSO AINDA ERA O COMECINHO DO SÉCULO 20.

Caixa Econômica Postal Austríaca. Otto Wagner, Viena, 1906

Casa Steiner, Adolf Loos, Viena, 1910

ORNAMENTO É UM CRIME!

Adolf Loos

1922 FREDERICK BANTING E CHARLES BEST SÃO PIONEIROS NO **TRATAMENTO DE DIABETES COM INSULINA** NO CANADÁ

1923 CRIAÇÃO DA **REPÚBLICA TURCA**

NA ITÁLIA, O FUTURISMO

Formas únicas de continuidade no espaço. Umberto Boccioni, Itália, 1913

NA ITÁLIA ACONTECIA UM DOS MAIS RADICAIS MOVIMENTOS CONTRA A ARQUITETURA TRADICIONAL QUE AINDA VINHA SENDO CONSTRUÍDA: O FUTURISMO, LIDERADO POR ARQUITETOS E ARTISTAS COMO FILIPPO MARINETTI (1876-1944), UMBERTO BOCCIONI (1882-1916) E ANTONIO SANT'ELIA (1888-1916) – SEU MAIS BRILHANTE REPRESENTANTE E QUE, INFELIZMENTE, TEVE VIDA TÃO BREVE, MORTO EM BATALHA DURANTE A 1ª GUERRA MUNDIAL.

OS PROJETOS DOS FUTURISTAS SÃO VISIONÁRIOS E ATÉ HOJE POVOAM O IMAGINÁRIO DE MUITOS ARQUITETOS POR SUA DINÂMICA E CONTEMPORANEIDADE. PARA ELES, O CONCEITO DE VELOCIDADE FAZIA PARTE DO PROJETO, POIS O FUTURO TINHA PRESSA.

Central elétrica, parte da série La città nuova. Antonio Sant'Elia, Itália, 1914

Antonio Sant'Elia por volta de 1908

1923

ESTREIA NOS EUA **SANTA JOANA**, PEÇA DE G. B. SHAW SOBRE JOANA D'ARC

1924

GEORGE GERSHWIN COMPÕE **RHAPSODY IN BLUE** NOS EUA

1924

MARC CHAGALL FAZ SUA PRIMEIRA EXPOSIÇÃO EM PARIS

NA FINLÂNDIA, ALVAR AALTO

MESMO GEOGRAFICAMENTE ISOLADO E UNS 15 ANOS MAIS NOVO QUE OS OUTROS MESTRES, O FINLANDÊS ALAVAR AALTO (1898-1976) FOI O GRANDE ARQUITETO ESCANDINAVO DO MOVIMENTO MODERNO. LONGE DO RACIONALISMO EUROPEU – TUDO RETINHO E QUADRADINHO –, CRIOU UMA ARQUITETURA MODERNA E ÚNICA.

Alvar Aalto em 1960

ELE SEMPRE PROCUROU INTERPRETAR A ARQUITETURA REGIONAL, FAZENDO USO DE MATERIAIS E FORMAS ENRAIZADAS NA NATUREZA, NA CULTURA E NA TRADIÇÃO FINLANDESAS: AS CURVAS DOS FAMOSOS LAGOS, TIJOLO E MUITA MADEIRA – CONCRETO APARENTE, NEM PENSAR! –, SENDO ÀS VEZES LEMBRADO COMO O FRANK LLOYD WRIGHT DA ESCANDINÁVIA.

SEU PRIMEIRO TRABALHO IMPORTANTE, COM APENAS 30 ANOS DE IDADE, FOI O SANATÓRIO PAIMIO (1928). MODERNO ATÉ HOJE, É UM GRANDE MARCO DE UMA OBRA QUE SERIA IMEDIATAMENTE RECONHECIDA COMO A DE UM GRANDE ARQUITETO.

EM 1935, FUNDOU A SUA PRÓPRIA EMPRESA DE DESIGN E FABRICAÇÃO DE MOBILIÁRIO, A ARTEK, DENUNCIANDO NO TÍTULO – ARTE + TECNOLOGIA – SUA LIGAÇÃO COM A BAUHAUS E O MOVIMENTO MODERNO, A QUALIDADE DE DESENHO E A INTELIGÊNCIA NO PROCESSO INDUSTRIAL.

EUROPA
SUOMI · FINLAND 1,00

Biblioteca Municipal de Viburgo, Rússia, 1933

Sanatório Palmio, Finlândia, 1928

PABLO PICASSO

1925

PICASSO COMEÇA SEU PERÍODO **SURREALISTA** NA FRANÇA

1925

LANCIA LAMBDA, CRIADO NA ITÁLIA, FOI O PRIMEIRO CARRO PRODUZIDO EM MASSA COM CARROCERIA AUTOPORTANTE

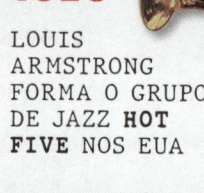

1925

LOUIS ARMSTRONG FORMA O GRUPO DE JAZZ **HOT FIVE** NOS EUA

ESSA FÁBRICA, MAIS TARDE COMPRADA PELA VITRA – UMA DAS INDÚSTRIAS MAIS RESPEITADAS PELO DESIGN DE SEUS PRODUTOS –, É RECONHECIDA ATÉ HOJE POR SEUS INOVADORES MÓVEIS DE MADEIRA COMPENSADA CURVA. ALÉM DE MÓVEIS, DESENHOU OBJETOS E LUMINÁRIAS UTILIZANDO MADEIRA, VIDRO E CERÂMICA – CLÁSSICOS DO DESIGN INTERNACIONAL QUE AINDA SÃO PRODUZIDOS NO MUNDO TODO.

Vaso Aalto, 1936. Uma clara referência aos famosos e curvilíneos lagos finlandeses

EM 1928, AALTO PARTICIPOU DO PRIMEIRO CONGRESSO INTERNACIONAL DE ARQUITETURA MODERNA, O CIAM (VER PÁGINA 146), E ISSO O APROXIMOU DE TODA A VANGUARDA EUROPEIA, TRANSFORMANDO-O, MEIO VIRTUALMENTE, NO QUE SERIA O QUINTO MESTRE DA ARQUITETURA MODERNA. A PARTIR DAÍ, INTEGROU-SE COM OS GRANDES ARQUITETOS EUROPEUS, PARTICIPANDO ATIVAMENTE DE EXPOSIÇÕES E MOVIMENTOS E REALIZANDO INÚMEROS PROJETOS NA EUROPA, NOS ESTADOS UNIDOS E NA ÁSIA.

Cadeira Paimio, 1932. Fala sério: olha as curvas desse desenho! Tudo feito em madeira laminada, há 90 anos. Vai ser contemporânea sempre!!!

PARA ALVAR AALTO, **"A BELEZA SEMPRE CAUSA DOR"**... ELE NUNCA SE ENCANTOU COM A RIGIDEZ DO RACIONALISMO QUE SE PRATICAVA NA ÉPOCA E ACHAVA QUE, COM A NASCENTE TECNOLOGIA, O FUNCIONALISMO PODERIA LIBERTAR A CONSTRUÇÃO DOS ESPAÇOS, PERMITINDO UMA ARQUITETURA MUITO MAIS LIVRE, LEVE E DESCOMPROMISSADA COM O RIGOR DO MODERNISMO.

NÃO FOSSEM A DISTÂNCIA EM RELAÇÃO AO MIOLINHO CULTURAL EUROPEU – BERLIM, PARIS, VIENA – E O FATO DE SUA OBRA TER CHEGADO UM POUQUINHO ATRASADA NESSA MUVUCA, JÁ QUE ELE COMEÇOU MAIS TARDE POR SER MAIS JOVEM QUE SEUS COLEGUINHAS, ALVAR "ÁLCOOL" – COMO ERA CARINHOSAMENTE CHAMADO PELOS AMIGOS DEVIDO À SUA INTIMIDADE COM A AQUAVIT, AGUARDENTE FINLANDESA FEITA DE BATATA OU GRÃOS – CERTAMENTE TERIA TIDO MUITO MAIS INFLUÊNCIA E RECONHECIMENTO INTERNACIONAL.

Pavilhão finlandês na Feira Mundial de Nova York, 1939

25 PRIMEIRO MOTEL É ABERTO EM SAN LUIS OBISPO, CALIFÓRNIA

1926

JOHN LOGIE APRESENTA O PRIMEIRO **SISTEMA DE TELEVISÃO** DO MUNDO NO REINO UNIDO

1926

A ÓPERA **TURANDOT**, DE PUCCINI, É APRESENTADA NA ITÁLIA

NOS PAÍSES BAIXOS, O DE STIJL...

NOS PAÍSES BAIXOS, A GALERA DE ROTTERDAM FUNDOU EM 1917 A ESCOLA DE STIJL – "O ESTILO", EM HOLANDÊS –, QUE TAMBÉM QUERIA, COMO TODO MUNDO, "A RENOVAÇÃO RADICAL DA ARTE". MUITO LIGADO A PINTORES E ESCULTORES, O MOVIMENTO CONTAVA COM PIET MONDRIAN (1872-1944) E SEUS PRINCIPAIS ARQUITETOS FORAM TAMBÉM ARTISTAS PLÁSTICOS. ELES EXAGERAVAM A PUREZA DAS FORMAS, A PLASTICIDADE DOS ESPAÇOS E O USO DAS CORES SÓLIDAS... TUDO MUITO RETILÍNEO, PLANAR. INSPIRADOS PELO NEOPLASTICISMO DE MONDRIAN – SEM DÚVIDA O GURU DESSE PESSOAL –, O CUBO ERA O PONTO DE PARTIDA E A CURVA ERA PRATICAMENTE PROIBIDA. SEUS MAIORES MESTRES FORAM:
GERRIT THOMAS RIETVELD (1888-1964), THEO VAN DOESBURG (1883-1931) E J. J. P. OUD (1890-1963).

Composição XXI.
Theo van Doesburg, 1923

A plasticidade do grupo De Stijl no estudo de Theo van Doesburg para uma residência: simbiose entre pintura e arquitetura. Rotterdam, 1923

Casas em Weissenhof para a expo do Werkbund Alemão. J. J. P. Oud, Stuttgart, 1927

Futura

Aa Qq Rr

Aa Qq Rr

Zuführung

abcdefghijklm
nopqrstuvwxyz
0123456789

1927

PAUL RENNER CRIA A FONTE **FUTURA** NA ALEMANHA

1927

A ACADEMIA DE ARTES E CIÊNCIAS CINEMATOGRÁFICAS, QUE DISTRIBUI O **PRÊMIO OSCAR**, É FUNDADA NOS EUA

1927

LANÇAMENTO NOS EUA DO FILME **O CANTOR DE JAZZ**, DE ALAN CROSLAND, QUE MARCA A PASSAGEM DO CINEMA MUDO PARA O SONORO

Cadeira Red and blue.
Gerrit Rietveld, 1918. Mais
Mondrian que isso, só um
original do mestre

GERRIT RIETVELD CRIOU AS DUAS OBRAS-PRIMAS DESSE MOVIMENTO: A CADEIRA *RED AND BLUE* E A CASA *SCHRÖDER*. A CADEIRA, DE 1917, REDUZ AO MÍNIMO SUAS PEÇAS: TÁBUAS E SARRAFOS COMO PLANOS, LINHAS E PONTOS, EXPLORANDO COR E DESENHO DE UMA FORMA ÚNICA PARA A ÉPOCA. A PEÇA TRADUZ EXATAMENTE O QUE SERIA A ARQUITETURA QUE ESSE GRUPO PROPUNHA – "O SILÊNCIO ELOQUENTE DA MÁQUINA", DIZIAM ELES.

POUCOS ANOS MAIS TARDE, EM 1924, RIETVELD PROJETOU A CASA QUE VIRIA A SER O SÍMBOLO DESSE MOVIMENTO: A CASA *SCHRÖDER*. OS ESPAÇOS SÃO ESTUDADOS EM FUNÇÃO DOS PLANOS E LINHAS – LAJES, VIGAS E PILARES –, COM TUDO COLORIDO À LA MONDRIAN, NUMA GRANDE MOVIMENTAÇÃO GEOMÉTRICA, PLÁSTICA E MUITO RICA EM TERMOS DE ESPAÇOS E HARMONIA. REALMENTE, É UM MONDRIAN EM 3D.

Cadeira Zig zag.
Gerrit Rietveld,
1933

Casa Schröder,
Gerrit Rietved, Utrecht, 1924

636 Buffet Elling.
Gerrit Rietveld,
1919

Gerrit Thomas Rietveld
(1888-1964)

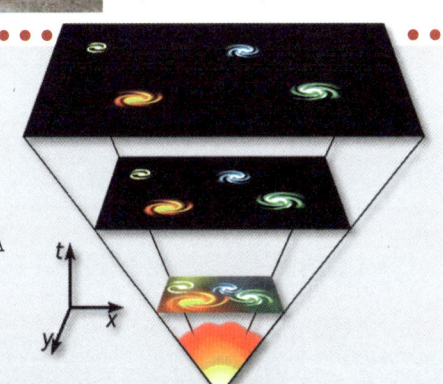

1927

CHARLES LINDBERGH
FAZ O PRIMEIRO
VOO SOLITÁRIO
TRANSATLÂNTICO
SEM ESCALAS, DE
NOVA YORK A PARIS

1927

GEORGES
LEMAÎTRE
PROPÕE NA
BÉLGICA **O BIG**
BANG, A TEORIA
DA ORIGEM
DO UNIVERSO

... E A ESCOLA DE AMSTERDÃ

MICHEL DE KLERK (1884-1923), O GÊNIO DA ESCOLA, FALECEU MUITO CEDO, AOS 39 ANOS. ALÉM DELE, PETRUS BERLAGE (1856-1934), LÍDER DO MOVIMENTO, E PIET KRAMER (1881-1961), O MAIS ATIVO, FORAM OS PRINCIPAIS ARQUITETOS DA ESCOLA DE AMSTERDÃ.

Bolsa de Valores de Amsterdã
Petrus Berlage, Amsterdã, 1903

EM OPOSIÇÃO AO CONCRETO APARENTE E ÀS GRANDES PAREDES BRANCAS – MUITO ASSÉPTICAS PARA ELES –, O TIJOLO APARENTE FOI O GRANDE PROTAGONISTA DESSA ARQUITETURA.

OS ARQUITETOS DA ESCOLA DE AMSTERDÃ DEFENDIAM MAIS IMAGINAÇÃO E QUERIAM EXPLORAR A EXPRESSIVIDADE DE UMA TÉCNICA CONSTRUTIVA VERNACULAR – HISTÓRICA E POPULAR – NOS PAÍSES BAIXOS: O "**ORNAMENTO FUNCIONAL**", EXPLORANDO AO MÁXIMO OS TIJOLOS DE ARTESÃOS E EMPREITEIROS HOLANDESES EM SUAS DIFERENTES CONFIGURAÇÕES E POSSIBILIDADES. LOGO, ELES PENSAVAM E TRABALHAVAM DE MODO DIFERENTE DOS ARQUITETOS DO MOVIMENTO DE STIJL DE ROTTERDAM.

TAMBÉM NÃO ERAM CONSIDERADOS DE VANGUARDA PELA TURMA DOS MODERNOS, PARA QUEM TUDO TINHA DE SER BRANQUINHO, QUADRADINHO... TANTO QUE – COMO VEREMOS MAIS PARA FRENTE, NA PÁGINA 112 – EM 1927 FIZERAM UM BAIRRO MODERNO EXPERIMENTAL EM STUTTGART E NINGUÉM DA ESCOLA DE AMSTERDÃ FOI CONVIDADO (LEMBRANDO QUE MICHEL DE KLERK FALECEU PRECOCEMENTE, EM 1923). A ARQUITETURA DELES NÃO ERA "REVOLUCIONÁRIA" PARA COMPETIR COM A RACIONALIDADE DOS BLOQUINHOS BRANCOS DOS MODERNOS QUE APARECERAM POR LÁ.

Conjunto habitacional Het Schip. Michel de Klerk, Amsterdã, 1915

E ESSA ARQUITETURA NÃO SE EXPRESSAVA ATRAVÉS DE PAVILHÕES OU CASAS DE ALTO PADRÃO, MAS SIM NA HABITAÇÃO POPULAR, O AGUDO PROBLEMA DA EUROPA URBANA E INDUSTRIALIZADA NO PÓS-PRIMEIRA GUERRA.

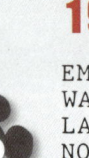

1928

EM NOVA YORK, WALT DISNEY LANÇA O **MICKEY** NO DESENHO *STEAMBOAT WILLIE*

1928

MAURICE RAVEL COMPÕE NA FRANÇA O BALÉ **BOLERO**

UMA GRANDE DIFERENÇA DOS PAÍSES BAIXOS É QUE LÁ O GOVERNO INCENTIVOU A QUALIDADE ARQUITETÔNICA DE PROJETOS PARA ESSE FIM: NÃO QUERIA SÓ MAIS UM CONJUNTO HABITACIONAL, COMO QUASE SEMPRE ACONTECE QUANDO SE TRATA DE HABITAÇÃO POPULAR, MAS SIM EDITOU LEIS FACILITANDO A CRIAÇÃO DE BONS PROJETOS DE ARQUITETURA PARA ESSES PROGRAMAS.

A ESCOLA DE AMSTERDÃ SE DIVERTIU COM A SUA RECONHECIDA E PROPOSITAL UNIFORMIDADE, BASICAMENTE, TIJOLO APARENTE SENDO UTILIZADO DE DIVERSAS MANEIRAS... SIMPLESMENTE O OPOSTO DA REPETIÇÃO. BERLAGE DEFENDIA "A DIVERSIDADE NA UNIDADE", OU SEJA, TUDO IGUAL, MAS DIFERENTE... SE É QUE VOCÊ ME ENTENDE... E SE FORMOS PENSAR QUE SE TRATAVA DE IMENSOS CONJUNTOS HABITACIONAIS, DE FATO ELES CONSEGUIRAM ESCAPAR DA MONOTONIA E DO ANONIMATO – O QUE É O LUGAR-COMUM NESSES ESPAÇOS PARA HABITAÇÃO POPULAR –, PROPORCIONANDO INDIVIDUALIDADE E IDENTIDADE PARA OS MORADORES DESSES EDIFÍCIOS. FIZERAM O QUE PODEMOS CHAMAR DE EXPRESSIONISMO ARTESANAL.

É ENGRAÇADO COMO, EM UM MESMO PAÍS E ÉPOCA, SEPARADAS POR APENAS 80 KM, ROTTERDAM E AMSTERDÃ PRODUZIRAM EXCELÊNCIA EM ARQUITETURA ADOTANDO CONCEPÇÕES TÃO DIFERENTES. A ARQUITETURA É MESMO MUITO MÁGICA E MISTERIOSA.

*Conjunto habitacional De Dageraad.
Piet Kramer e Michel de Klerk, Amsterdã, 1917*

...A DIVERSIDADE NA UNIDADE...

*Conjunto habitacional De Dageraad.
Piet Kramer e Michel de Klerk,
Amsterdã, 1917*

*Petrus Berlage
(1856-1934)*

1928

ALEXANDER FLEMING DESCOBRE ACIDENTALMENTE A **PENICILINA** NA INGLATERRA

1929

FUNDAÇÃO DO **MOMA**, EM NOVA YORK

1929

TROTSKY É **EXPULSO** DA UNIÃO SOVIÉTICA

400 **FØROYAR**
SIR ALEXANDER FLEMING

EXPRESSIONISMO

NA MESMA ALEMANHA DO DESIGN, DA INDÚSTRIA E DA BAUHAUS, ALGUNS ARQUITETOS – OS CHAMADOS EXPRESSIONISTAS – NÃO SEGUIRAM A GALERA DO RACIONALISMO, O PESSOAL DO ÂNGULO RETO, ENFIM, O GRUPINHO DO "MENOS É MAIS" ALEMÃO.

Shocken Store, Erich Mendelson, Stuttgart, 1926

O EXPRESSIONISMO TRAZIA UMA VISÃO MAIS DRAMÁTICA DO FUTURO, MAIS TENSA E MENOS PREOCUPADA COM O FUNCIONALISMO E O ÂNGULO RETO. FOI UM FENÔMENO PARECIDO COM O QUE ACONTECEU NOS PAÍSES BAIXOS, COM 2 CONCEITOS BEM DISTINTOS CONVIVENDO LADO A LADO, MAS, NESTE CASO, COM ALGUNS EXEMPLOS EM BERLIM... A BOA ARQUITETURA É PLURAL.

ERICH MENDELSOHN (1887-1953) FOI O MAIS ATUANTE E VIGOROSO ARQUITETO DESSA ESCOLA. **O MAIS EXPRESSIONISTA DO EXPRESSIONISMO.** TODOS OS SEUS PROJETOS POSSUEM ESSA FORÇA, ESSE CONJUNTO DE LUZ E SOMBRA, DE ESPAÇOS DRAMÁTICOS E EXUBERANTES. A SCHOCKEN STORE, CHEIA DE CURVAS, É A SUA OBRA MAIS ELEGANTE; MODERNA E DINÂMICA, É SUPER-REPRESENTATIVA DESSA ESCOLA.

Torre Einstein
Erich Mendelson,
Potsdam, 1921

JÁ A TORRE EINSTEIN É PROVAVELMENTE O MAIS IMPRESSIONANTE ÍCONE DA ARQUITETURA EXPRESSIONISTA ALEMÃ.

1929

PRIMEIRA EXPOSIÇÃO DE **SALVADOR DALÍ** EM PARIS

The Daily News

BLACK THURSDAY!
Wall St. in panic as stocks crash

1929

QUEBRA DA BOLSA DE NOVA YORK

Ceci n'est pas une pipe.

Pavilhão de vidro.
Primeira exposição do Werkbund
Alemão. Bruno Taut, Colônia, 1914

L'ALLIANCE CINÉMATOGRAPHIQUE EUROPÉENNE
PRÉSENTE UNE PRODUCTION UFA
RÉALISÉ PAR
FRITZ LANG
D'APRÈS LE SCÉNARIO DE
THÉA VON HARBOU:

Pôster do filme Metrópolis.
Fritz Lang, Alemanha, 1927

OS EXPRESSIONISTAS TINHAM UMA PAIXÃO... UMA OBSESSÃO POR FORMAS DINÂMICAS, SINGULARES. A SURPRESA ESTAVA NO ESPAÇO SEMPRE DRAMÁTICO, "NOIR", PROVOCANDO TENSÃO E CHOCANDO POR SUA ABUNDÂNCIA DE FORMAS E CURVAS – BEM LONGE DO QUE ELES CONSIDERAVAM O UNIVERSO PURITANO DAQUELA ARQUITETURA RETA E BRANQUINHA DOS FUTUROS MODERNOS, QUE JÁ APARECIA NO HORIZONTE CULTURAL EUROPEU.

Teatro Grosses Schauspielhaus.
Hans Poelzig, Berlim, 1919

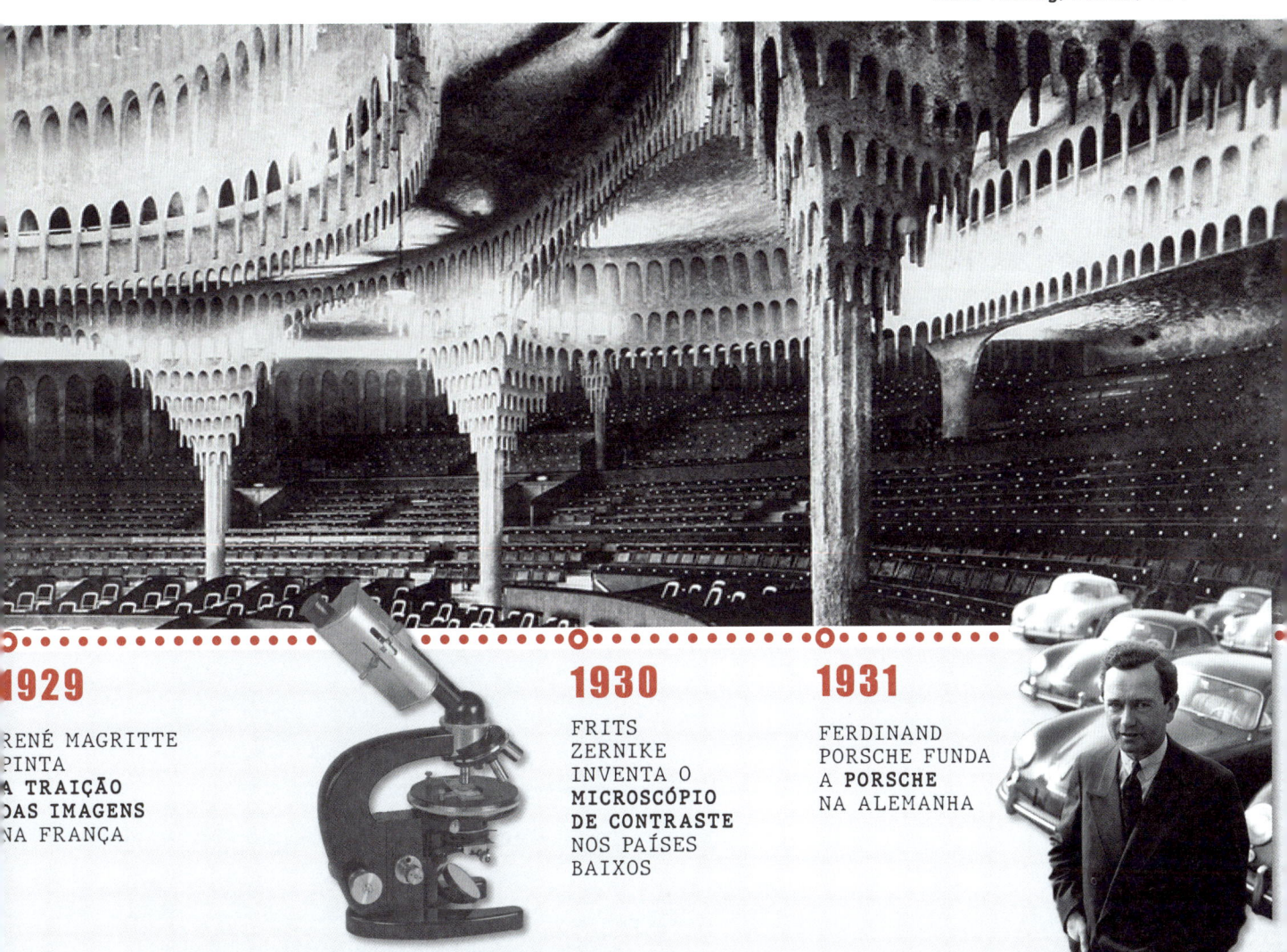

1929

RENÉ MAGRITTE
PINTA
A TRAIÇÃO
DAS IMAGENS
NA FRANÇA

1930

FRITS
ZERNIKE
INVENTA O
**MICROSCÓPIO
DE CONTRASTE**
NOS PAÍSES
BAIXOS

1931

FERDINAND
PORSCHE FUNDA
A **PORSCHE**
NA ALEMANHA

"Bauhaus Dessau", série de selos lançada em 2002

O GRANDE ACONTECIMENTO DE RUPTURA SE DEU NA ALEMANHA EM 1919, LOGO NO FINAL DA 1ª GUERRA MUNDIAL: A FUNDAÇÃO DE UMA ESCOLA CHAMADA BAUHAUS PELO ARQUITETO WALTER GROPIUS, EM WEIMAR, COM O OBJETIVO DE UNIR ARTE, DESIGN, ARQUITETURA E INDÚSTRIA. WEIMAR ERA MAIS OU MENOS A CAPITAL CULTURAL DA ALEMANHA... POR LÁ PASSARAM LISZT, BACH, WAGNER, GOETHE... E, NO INÍCIO DOS ANOS 1920, TAMBÉM SE TORNOU, CATASTROFICAMENTE, O BERÇO DO NAZISMO.

A BAUHAUS PREGAVA "O ENSINO A ESTUDANTES PARA SE TORNAREM DESIGNERS NAS ÁREAS DE ARTESANATO, INDÚSTRIA E ARQUITETURA". ELA QUERIA JUNTAR:

 O TRABALHO E A CULTURA;

 A TEORIA E A PRÁTICA;

 O INTELECTUAL E O OPERÁRIO;

 O ARTISTA E O ARTESÃO;

 A ARTE E A TECNOLOGIA.

MUITOS HISTORIADORES CONSIDERAM ESSE O VERDADEIRO EMBRIÃO, O PRIMEIRO GRANDE CONCEITO LÚCIDO E COERENTE PARA O SURGIMENTO DA ARQUITETURA MODERNA.

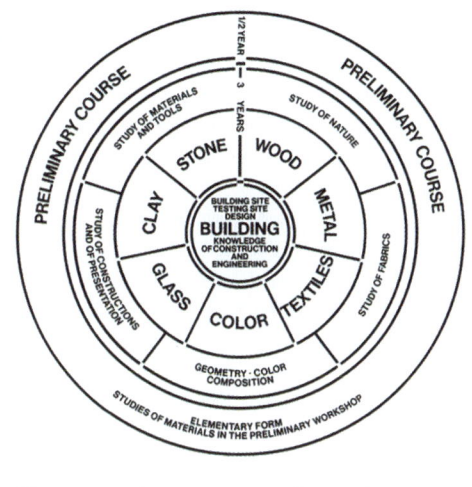

Diagrama da estrutura de ensino na Bauhaus, desenvolvido por Gropius em 1922. No início, a arquitetura não era o grande foco da escola

República de Weimar é estabelecida na Alemanha em 1919

Pôster para a exposição da Bauhaus em Weimar. Joost Schmidt, 1923

Esfera de cores criada por Johannes Itten. Bauhaus, 1921

Desenho de um homem dançarino. Oskar Schlemmer, 1921

Fantasia para o Balé Triádico da Bauhaus. Oskar Schlemmer, 1922

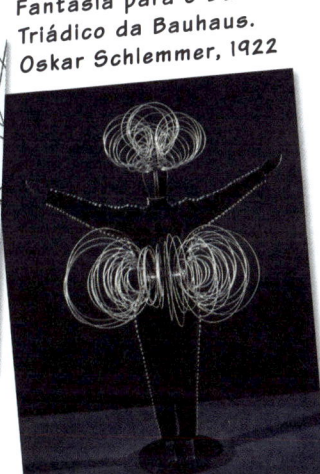

1932

ABERTURA DA **RADIO CITY MUSIC HALL** EM NOVA YORK

1932

SALAZAR TORNA-SE DITADOR DE PORTUGAL

1932

GEORGE BLAISDELL INVENTA OS ISQUEIROS **ZIPPO** NOS EUA

SE O SÉCULO 20 PARA A ARQUITETURA COMEÇOU EM 1914 COM O SEU PRIMEIRO FILHOTE MODERNO, A FÁBRICA-MODELO, A BAUHAUS É COM CERTEZA O SEGUNDO FILHOTE MODERNO DESSE SÉCULO.

Conjunto de recipientes para cozinha. Theodor Bogler, 1923

Chaleira de prata. Marianne Brandt, 1924

Luminária WG 24. Wilhelm Wagenfeld, 1924

Cadeira Barcelona. Mies van der Rohe, 1929

Cadeira Wassily. Marcel Breuer, 1926

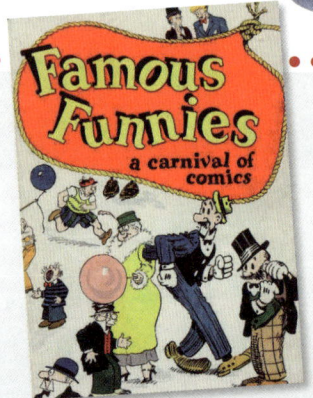

Berço Bauhaus. Peter Keler, 1922

1933

KING KONG ESTREIA EM NOVA YORK, DIRIGIDO POR MERIAN COOPER E ERNEST SCHOEDSACK

1933

PRIMEIRO GIBI NOS EUA: **FUNNIES ON PARADE**

WALTER GROPIUS CONVIDOU INÚMEROS ARQUITETOS E ARTISTAS DE VANGUARDA QUE ESTAVAM SOLIDÁRIOS COM A SUA NOVA IDEIA DE UNIR ARTE, ARTESANATO, ARQUITETURA E TECNOLOGIA ATRAVÉS DA INDÚSTRIA, COMO **WASSILY KANDINSKY, PAUL KLEE, JOSEF ALBERS, MOHOLY-NAGY, LYONEL FEININGER, HANS MEYER, MARCEL BREUER** E, MAIS TARDE, **MIES VAN DER ROHE.**

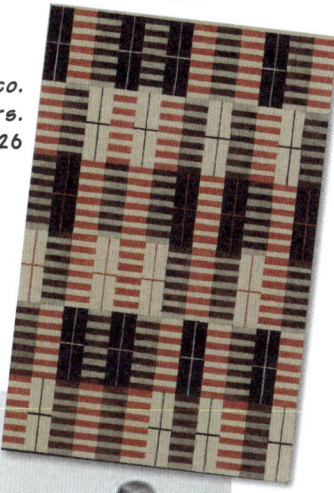

Laranja, preto e branco. Tapeçaria por Anni Albers. Alemanha, 1926

Mestres da Bauhaus na cobertura do edifício da escola em Dessau, em 1926. Da esquerda para a direita: Josef Albers, Hinnerk Scheper, Georg Muche, László Moholy-Nagy, Herbert Bayer, Joost Schmidt, Walter Gropius, Marcel Breuer, Wassily Kandinsky, Paul Klee, Lyonel Feininger, Gunta Stölzl e Oskar Schlemmer

A ARQUITETURA RAPIDAMENTE FOI SE TRANSFORMANDO NUM DOS PRINCIPAIS OBJETIVOS DA BAUHAUS – BASTA VER O SIGNIFICADO DO SEU NOME EM ALEMÃO, "CASA DA CONSTRUÇÃO" – E, APESAR DE NÃO TER CRIADO GRANDES EDIFÍCIOS DURANTE O PERÍODO DE SUA DURAÇÃO, ELA IMPLANTOU COM MUITO VIGOR (E NA HORA CERTA) SEUS MODERNOS, ELEGANTES E FUNCIONAIS EDIFÍCIOS E CONCEITOS MUITO DESCOLADOS PARA A ÉPOCA.

A BAUHAUS, ATRAVÉS DE TODA A ABRANGÊNCIA DO SEU ESCOPO, AJUDOU A RESTAURAR ARQUITETURA E DESIGN COMO UMA ARTE SOCIAL.

Walter Gropius

ILUSTRAÇÃO DO ARQUITETO ROBERTO RONDINO

1933

EDWIN ARMSTRONG CRIA A **RÁDIO FM** NOS EUA

1933

BOEING LANÇA O **BOEING 247** NOS EUA, O PRIMEIRO AVIÃO MODERNO DE PASSAGEIROS

DE FATO, A METODOLOGIA DA BAUHAUS, PARA REYNER BANHAM "DEVOTADA À ARQUITETURA NA ERA DA MÁQUINA E O DESIGN EMPREGANDO UMA ESTÉTICA COERENTE COM A INDÚSTRIA", AFETOU TODOS OS CONCEITOS DO UNIVERSO DA PRODUÇÃO DA FORMA – FOSSE UM TALHER, FOSSE UM EDIFÍCIO. E UMA VEZ QUE A MÁQUINA ERA O MEIO CORRETO E HONESTO PARA A PRODUÇÃO DE BENS DE CONSUMO, FOI NATURAL A NECESSIDADE DE CRIAR OS CONCEITOS DE "PADRÃO" E "STANDARD", ISTO É, O CONCEITO DE REPETIÇÃO, COERENTE COM A ESTÉTICA DESSA ÉPOCA.

Casa Haus am Horn. Georg Muche, Weimar, 1923

A CASA HAUS AM HORN, PROJETADA EM 1923 POR GEORG MUCHE, COM SUPERVISÃO TÉCNICA DE WALTER GROPIUS E MARCEL BREUER, EM WEIMAR, FOI A PRIMEIRA EXPERIÊNCIA DA BAUHAUS EM CONSTRUÇÃO. INEXISTENTE ENQUANTO ARQUITETURA E QUALIDADE DE ESPAÇOS – GEORGE MUCHE ERA PINTOR E NUNCA PROJETOU MAIS NADA –, O FUNDAMENTAL NÃO ERA O DESENHO, MAS RACIONALIZAR O PROCESSO DE CONSTRUÇÃO CONTANDO COM A PARTICIPAÇÃO DE TODOS OS ALUNOS NA EXECUÇÃO DOS AMBIENTES.

1934

NOITE DAS FACAS LONGAS NA ALEMANHA, QUANDO HITLER EXECUTA DIVERSOS LÍDERES ANTINAZISTAS

1934

ROBERT DELAUNAY PINTA **RITMOS** NA FRANÇA

1935

CONSTANTIN BRANCUSI ESCULPE **O REI DOS REIS** NA FRANÇA

PARA CRIAR UMA FORMA-TIPO ADEQUADA, UM PROJETO TINHA DE PREENCHER CARACTERÍSTICAS UTILITÁRIAS, ESTÉTICAS E PSICOLÓGICAS E SER DESENVOLVIDO NAS OFICINAS DA ESCOLA TENDO EM VISTA A ARTE E A PRODUÇÃO INDUSTRIAL AO MESMO TEMPO.

ESSES CONCEITOS VISTOS SOB A PERSPECTIVA DE HOJE PARECEM SIMPLES E EVIDENTES, MAS QUANDO APRESENTADOS 100 ANOS ATRÁS FORAM REVOLUCIONÁRIOS.

O "PADRÃO", O "TIPO", O "STANDARD" NÃO SÃO OBSTÁCULOS PARA O DESENVOLVIMENTO CULTURAL. MUITO PELO CONTRÁRIO, SÃO QUASE UM PRÉ-REQUISITO

Walter Gropius

"*O grande kit de construção*": sistema desenvolvido por Gropius e Hannes Meyer para estudar e aplicar a estandardização nos projetos de arquitetura, 1923

ODIÁVAMOS A BAUHAUS. ELES SIMPLESMENTE NÃO TINHAM TALENTO ALGUM. TUDO QUE TINHAM ERAM REGRAS. REGRAS SÃO A PIOR COISA QUE EXISTE. SÓ SERVEM PARA DAR VONTADE DE ROMPER COM ELAS.

Oscar Niemeyer

MAS MESMO ASSIM, COM TODA ESSA VANGUARDA DE CONCEBER UMA FORMA, EM ALGUMAS PARTES DO MUNDO ARTISTAS E ARQUITETOS CRITICARAM ESSA DEPENDÊNCIA DA INDÚSTRIA E ESSA ESTÉTICA DA ESTANDARDIZAÇÃO. AQUI MESMO, NO BRASIL, NOSSO MAIOR ARQUITETO NÃO BABAVA PELA BAUHAUS.

NA REALIDADE, A BAUHAUS DESENVOLVEU UMA ABORDAGEM TOTALMENTE INOVADORA DE ENSINO E PRODUÇÃO AO BUSCAR, SEGUNDO GROPIUS, "A ADEQUAÇÃO ENTRE UM PROCESSO CRIATIVO DE PROJETAR UM MODELO E O PROCESSO TÉCNICO CORRESPONDENTE À SUA PRODUÇÃO EM MASSA".

ELA SE COLOCOU NESSA DELICADA TRILHA CONCILIATÓRIA ENTRE PROCESSOS MECÂNICOS DE PRODUÇÃO EM MASSA, LIGADOS À QUANTIDADE, E A ADOÇÃO DE PADRÕES COERENTES DE DESIGN, LIGADOS À QUALIDADE DA FORMA, EM SUMA, À BELEZA... FALANDO MEIO EM ARQUITETÊS, A ÉTICA DA BELEZA, A ÉTICA DA ESTÉTICA. CHOCANTE PARA A ÉPOCA!!!

1935
WALLACE CAROTHERS DESENVOLVE A **FIBRA DE NÁILON** NOS EUA

1935
FILMES FOTOGRÁFICOS **KODAK** COMEÇAM A SER FABRICADOS NOS EUA

COM O REBULIÇO POLÍTICO VIVIDO PELA ALEMANHA NA ÉPOCA – EM 1926 FOI FUNDADA A JUVENTUDE HITLERISTA NA PRÓPRIA WEIMAR –, QUE ALGUNS ANOS DEPOIS DESEMBOCARIA NA 2ª GUERRA MUNDIAL, A BAUHAUS PRECISOU DEIXAR WEIMAR, MUDANDO-SE EM 1925 PARA DESSAU. SÃO DESSA ÉPOCA OS MODERNÍSSIMOS EDIFÍCIOS PROJETADOS POR GROPIUS PARA A NOVA SEDE DA ESCOLA E A RESIDÊNCIA DOS PROFESSORES.

EM 1928, GROPIUS, SOB MUITA PRESSÃO POLÍTICA, RETIROU-SE DA BAUHAUS E PASSOU A DIREÇÃO PARA HANNES MEYER, O QUAL, TAMBÉM PERSEGUIDO, DEIXOU A ESCOLA EM 1930.

NA SEQUÊNCIA, QUEM ASSUMIU A DIREÇÃO FOI MIES VAN DER ROHE, QUE, EM 1932, DIANTE DA VIOLÊNCIA DA POLÍCIA HITLERISTA, LEVOU A BAUHAUS PARA

Bauhaus, Walter Gropius, Dessau, 1925

BERLIM. COMO ERA DE SE PREVER, A ESCOLA FOI PERSEGUIDA DE NOVO E, EM 1933, FOI FECHADA DEFINITIVAMENTE PELOS NAZISTAS, RECÉM-IMPLANTADOS NO PODER.

NA REALIDADE, A BAUHAUS SEMPRE FOI PERSEGUIDA PELOS CONSERVADORES DE ULTRADIREITA DO NACIONAL-SOCIALISMO, QUE A ACUSAVAM DE DIFUNDIR "IDEIAS COMUNISTAS" E DE ENSINAR UMA ARQUITETURA SOCIALIZANTE. ISSO PROVOCOU UMA GRANDE FUGA DE INTELECTUAIS, ARQUITETOS E ARTISTAS. TODOS OS PROFESSORES DA BAUHAUS FORAM PERSEGUIDOS E FUGIRAM DA ALEMANHA.

Bauhaus Walter Gropius, Dessau, 1925

1936

INÍCIO DA **GUERRA CIVIL ESPANHOLA**

JOSEP M. BUADES

A GUERRA CIVIL ESPANHOLA

O palco que serviu de ensaio para a Segunda Guerra Mundial

1936

ALAN TURING DESENVOLVE NA INGLATERRA A **MÁQUINA DE TURING**, PRECURSORA DO COMPUTADOR

NOS SEUS 14 ANOS DE EXISTÊNCIA, A BAUHAUS CONSEGUIU ESPALHAR POR TODO O MUNDO O SEU VENENINHO: ELA FOI O GRANDE CENTRO IRRADIADOR DE IDEIAS E CONCEITOS, INFLUENCIANDO TODAS AS ÁREAS DO DESIGN E DA ARQUITETURA ATÉ OS DIAS DE HOJE.

É POR TODAS ESSAS IDEIAS E ARQUITETURAS QUE A BAUHAUS É CONSIDERADA UM DOS BERÇOS DA ARQUITETURA MODERNA.

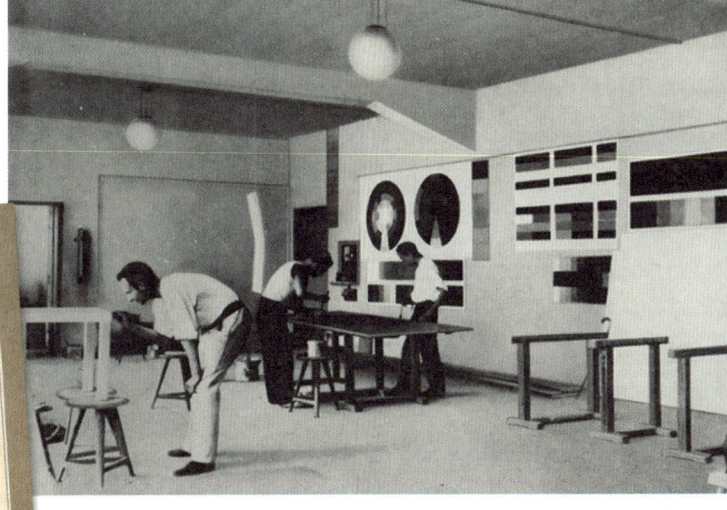

Workshop de murais, Dessau, 1927

Residências dos professores em Dessau. Walter Gropius, 1925. Essas casas são tão atuais que poderiam ser confundidas com a boa arquitetura que se faz hoje em dia, praticamente 100 anos depois

Perspectiva das residências dos professores, Dessau, 1926

EM ARQUITETÊS, É PERSPECTIVA ISOMÉTRICA. EM PORTUGUÊS, PERSPECTIVA DA MINHOCA: A VISTA POR BAIXO DA TERRA.

A BAUHAUS SEMPRE FOI UMA GRANDE IDEIA.

Mies van der Rohe

1936

INÍCIO DA PRODUÇÃO DO FIAT 500 NA ITÁLIA, O **TOPOLINO**

1936

AS **OLIMPÍADAS DE BERLIM** SÃO O PRIMEIRO EVENTO ESPORTIVO TELEVISIONADO DO MUNDO E O ÚLTIMO ANTES DA 2ª GUERRA MUNDIAL

OS 4 MESTRES DA ARQUITETURA MODERNA

Casa 17 em Weissenhof. Stuttgart, Alemanha, 1927

WALTER GROPIUS
1883-1969

O STANDARD, O TÍPICO: ESSA É A SOLUÇÃO PARA A ARQUITETURA DA NOVA SOCIEDADE INDUSTRIAL.

Pavilhão de Barcelona. Barcelona, Espanha, 1929

MIES VAN DER ROHE
1886-1969

NÃO DÁ PARA FAZER UMA ARQUITETURA NOVA TODA SEGUNDA-FEIRA.

1937

JAPONESES INVADEM A CHINA, O QUE PROVOCA O INÍCIO DA **SEGUNDA GUERRA SINO-JAPONESA**

3 ARQUITETOS EUROPEUS E UM AMERICANO SÃO RECONHECIDOS COMO OS PRINCIPAIS FUNDADORES DA ARQUITETURA MODERNA; TODOS MAIS OU MENOS DA MESMA IDADE, DE PAÍSES E CULTURAS DIFERENTES – 2 ALEMÃES, 1 FRANCO-SUÍÇO E 1 AMERICANO –, ELES FORAM OS GRANDES RESPONSÁVEIS POR, FINALMENTE, NAS PRIMEIRAS DÉCADAS DO SÉCULO 20, ESTABELECER O QUE VIRIA A SER A ARQUITETURA MODERNA TAL QUAL (MAIS OU MENOS, NÉ) A CONHECEMOS HOJE.

Taliesin Oeste. Arizona, Estados Unidos, 1937

Villa Savoye. Poissy, França, 1929

FRANK LLOYD WRIGHT
1867-1959

A CASA DEVE SE DERRETER NA PAISAGEM.

LE CORBUSIER
1887-1965

ARQUITETURA OU REVOLUÇÃO.

1937
PICASSO PINTA **GUERNICA** NA ESPANHA

1937
DESASTRE DO **ZEPPELIM HINDENBURG** DURANTE VOO NOS EUA

1937
É PRODUZIDO O PRIMEIRO LONGA ANIMADO NORTE-AMERICANO: **BRANCA DE NEVE E OS SETE ANÕES**

Perspectiva do conjunto habitacional Törten, Dessau, 1928

WALTER GROPIUS

A BAUHAUS, APESAR DE TER SIDO O CLÍMAX DE UM PERÍODO EM QUE TIVEMOS, DESDE A REVOLUÇÃO INDUSTRIAL, EVENTOS LIGANDO A INDÚSTRIA COM A ARQUITETURA, DEVE MUITO DE SUA IMPORTÂNCIA AO TRABALHO E VISÃO DO GRANDE MESTRE ALEMÃO WALTER GROPIUS (1883-1969).

ELE COMEÇOU SUA CARREIRA TRABALHANDO COM O PIONEIRO DO MOVIMENTO WERKBUND NA ALEMANHA, O ARQUITETO PETER BEHRENS, POR VOLTA DE 1910, DE QUEM ASSIMILOU OS PRINCIPAIS CONCEITOS SOBRE INDÚSTRIA E DESIGN MAIS TARDE APLICADOS NA BAUHAUS.

NO INÍCIO DE SUA BRILHANTE CARREIRA, GROPIUS NÃO PROJETOU MUITO, MAS SEUS POUCOS EDIFÍCIOS FORAM BASTANTE INFLUENTES DEVIDO À MATURIDADE E ELEGÂNCIA COM QUE ROMPEU COM TUDO QUE VINHA SENDO CONSTRUÍDO E À BUSCA POR UMA FILOSOFIA COERENTE EM TERMOS DE ARQUITETURA E PRODUÇÃO INDUSTRIAL.

Walter Gropius em 1922, junto ao seu projeto para o concurso da sede do jornal Tribuna de Chicago. Ele perdeu para um projeto pastiche neogótico — bem no berço da arquitetura moderna...

Fábrica Fagus, Alfeld an der Leine, 1911

EM 1911, PROJETOU COM O ARQUITETO ADOLF MEYER UMA FÁBRICA NA ALEMANHA, EM ALFELD AN DER LEINE, QUE DE TÃO MODERNA E EFICIENTE FUNCIONA ATÉ HOJE: A FÁBRICA FAGUS (FAGUS WERK), DE SAPATOS ORTOPÉDICOS. NELA FORAM INCORPORADAS TODAS AS CONQUISTAS TÉCNICAS, TEÓRICAS E ARQUITETÔNICAS DO PERÍODO NUM SÓ EDIFÍCIO. É CONSIDERADA POR MUITOS HISTORIADORES O MARCO INICIAL DO MOVIMENTO MODERNO.

1938

KONRAD ZUSE CONSTRÓI NA ALEMANHA O **Z1**, O PRIMEIRO COMPUTADOR PROGRAMÁVEL DO MUNDO

1938

NA ALEMANHA, OS FÍSICOS LISE MEITNER, OTTO HAHN E FRITZ STRASSMANN DESCOBREM A **FISSÃO NUCLEAR**

Propaganda para a Fábrica Fagus
com projeto gráfico de Theo van Doesburg
(aquele mesmo, do movimento holandês da
p. 82. Chique, né?), 1925

ANTES DE TUDO, A FÁBRICA FAGUS MOSTRA UMA TOTAL INDEPENDÊNCIA DOS ESTILOS DO PASSADO. E AQUI, GROPIUS JÁ DAVA MOSTRAS DE QUE NÃO ERA APENAS MAIS UM DOS ARQUITETOS DA TRANSIÇÃO DESSAS DUAS ÉPOCAS, PRÉ E PÓS-WERKBUNDS, MAS SIM UM ARQUITETO TOTALMENTE MODERNO – QUEM SABE O PRIMEIRO.

A FAGUS WERK É CONSIDERADA UM GRANDE MARCO DO INÍCIO DA ARQUITETURA MODERNA. RECENTEMENTE, ELA FOI TODINHA RESTAURADA, CONTINUA FUNCIONANDO COMO FÁBRICA DE SAPATOS E INCLUSIVE ESTÁ ABERTA AO PÚBLICO PARA VISITAÇÃO. EM 2011, FOI NOMEADA PELA UNESCO PATRIMÔNIO MUNDIAL DA HUMANIDADE.

ESSA FÁBRICA É RECONHECIDA PELA:

- MODERNIDADE DOS SEUS MATERIAIS;
- FACHADA TODA DE VIDRO;
- LIMPEZA DE SUAS FORMAS;
- VOLUMETRIA DE SUAS FACHADAS;
- CLARA EXPRESSÃO DE SUA ESTRUTURA.

Fábrica Fagus,
Alfeld an der Leine,
1911

1939

TROPAS ALEMÃS
INVADEM A POLÔNIA,
DANDO INÍCIO À
2ª GUERRA MUNDIAL

1939

VICTOR FLEMING
DIRIGE NOS EUA
...E O VENTO LEVOU

MAS EM 1914 GROPIUS FEZ OUTRA FÁBRICA QUE TAMBÉM É CONSIDERADA O "MARCO INICIAL DA ARQUITETURA MODERNA".

ESSAS DUAS FÁBRICAS APRESENTAM O NOVO ESTILO. O GENUÍNO E LEGÍTIMO ESTILO DO NOSSO SÉCULO.

Nicolaus Pevsner (1902-1983), historiador alemão

COM O ARQUITETO ADOLF MEYER, ELE PROJETOU A FÁBRICA-MODELO (QUE JÁ VIMOS NA PÁGINA 69) PARA ABRIGAR EM COLÔNIA A PRIMEIRA EXPOSIÇÃO ORGANIZADA PELO WERKBUND. E MAIS UMA VEZ ELE INOVOU, COM SUAS TORRES DE CIRCULAÇÃO CURVAS E TRANSPARENTES E UMA GRANDE SUPERFÍCIE ENVIDRAÇADA NA FACHADA. EM TERMOS FORMAIS, FOI UM ARRASO PARA A ÉPOCA. E COMO VIMOS, A FÁBRICA TAMBÉM É TIDA COMO O MARCO INICIAL DO MOVIMENTO MODERNO – MAIS UMA. POIS É, ESSA ARQUITETURA MODERNA COMEÇOU VÁRIAS VEZES.

ALIÁS, AINDA QUE POR OUTRAS RAZÕES, O HISTORIADOR BRITÂNICO ERIC HOBSBAWM (1917-2012), UM DOS MAIS IMPORTANTES PENSADORES DO SÉCULO 20, TAMBÉM APONTA QUE ESSE SÉCULO COMEÇOU EM 1914... E QUEM SABE A ARQUITETURA MODERNA TAMBÉM.

COM 31 ANOS, ESSA JÁ É A SEGUNDA FÁBRICA QUE EMPLACO. PARA ALGUNS, ELA É UM DOS MARCOS DO INÍCIO DA ARQUITETURA MODERNA. E QUANDO FIZ A PRIMEIRA, A FAGUS, EU SÓ TINHA 28 ANOS.

Fábrica-modelo
Exposição do Werkbund Alemão,
Colônia, 1914

Walter Groupius
em 1928

1939

ENZO FERRARI
FUNDA A ALFA ROMEO
NA ITÁLIA

1940

PRODUÇÃO
DAS PRIMEIRAS
CÂMERAS
LEICA IIIC
NA ALEMANHA

Walter Gropius durante
a 1ª Guerra Mundial

A 1ª GUERRA MUNDIAL, INICIADA EM 1914, INTERROMPEU POR 4 ANOS A CARREIRA DE GROPIUS, QUE SERVIU NO EXÉRCITO ALEMÃO COMO OFICIAL DA CAVALARIA. EM 1919, AO FUNDAR A BAUHAUS COM APENAS 36 ANOS, ELE TRANSFORMOU COMPLETAMENTE O ENSINO E A VISÃO QUE EXISTIAM SOBRE DESIGN E ARQUITETURA.

MAIS OU MENOS NESSA ÉPOCA, NA SEGUNDA DÉCADA DO SÉCULO 20, BERLIM E PRINCIPALMENTE VIENA VIVIAM A GRANDE EFERVESCÊNCIA CULTURAL QUE FLUTUAVA SOBRE A EUROPA MESMO DURANTE A PRIMEIRA GUERRA, E GROPIUS NÃO FICOU IMUNE A ESSE AGITO: EM 1910, ELE SE APAIXONOU POR ALMA MAHLER, CASADA HÁ 8 ANOS COM O GRANDE MAESTRO E COMPOSITOR TCHECO GUSTAV MAHLER, QUE FICOU TRANSTORNADO E CHEGOU ATÉ A SE CONSULTAR COM FREUD. MAS, AO QUE PARECE, NÃO ADIANTOU MUITO, POIS INFELIZMENTE GUSTAV MAHLER VEIO A FALECER NO ANO SEGUINTE, 1911, COM APENAS 50 ANOS. JÁ ALMA FOI A FEMME FATALE DA CORTE VIENENSE. ELA SE RELACIONOU COM DIVERSOS ARTISTAS, INCLUSIVE GUSTAV KLIMT, AQUELE MESMO DO FAMOSO QUADRO QUE VIROU FILME: A DAMA DOURADA.

Walter Groupius,
Alma Mahler e a filha Manon, 1918

SÓ DEPOIS DE ALGUNS ANOS E DEPOIS DE ALGUNS NAMOROS COM ARTISTAS EM VIENA, ALMA AMEAÇOU SE AQUIETAR UM POUCO E SE CASOU COM GROPIUS EM 1915. ISSO MESMO, ELE TEVE QUE ESPERAR 5 ANOS... E EM SEGUIDA FOI PRA 1ª GUERRA MUNDIAL, DA QUAL VOLTOU ALTAMENTE CONDECORADO... EM 1916, TIVERAM UMA FILHA, MANON, QUE FALECEU DE PÓLIO AOS 17 ANOS; E EM 1919 TIVERAM MARTIN – QUE VIVEU APENAS 10 MESES E CUJA PATERNIDADE ELA ATRIBUI A UM OUTRO AMANTE DELA, O POETA FRANZ WERFEL, COM QUEM ELA VEIO A SE CASAR MAIS TARDE, EM 1927. VALE A PENA CONHECER A VIDA DESSA GRANDE MULHER, COMPOSITORA, PINTORA, EDITORA E SOCIALITE QUE FALECEU EM NOVA YORK EM 1964. GROPIUS E ALMA SE SEPARARAM EM 1920, UM ANO APÓS ELE FUNDAR A BAUHAUS. EM 1923, ELE SE CASOU COM ILSE FRANK, COM QUEM PERMANECEU ATÉ A SUA MORTE EM 1969.

Alma Mahler em 1909

1940

ERNEST HEMINGWAY PUBLICA **POR QUEM OS SINOS DOBRAM** NOS EUA

1940

ABERTURA DO PRIMEIRO **MCDONALD'S** EM SAN BERNARDINO, CALIFÓRNIA

COMO JÁ VIMOS, EM 1925 GROPIUS PROJETOU AS INSTALAÇÕES DO SEGUNDO CAMPUS DA BAUHAUS, EM DESSAU. A ARQUITETURA DA ESCOLA E DA RESIDÊNCIA DOS PROFESSORES ILUSTRA TODAS AS CONQUISTAS DO MOVIMENTO MODERNO.

Selo comemorativo da Unesco dos edifícios da Bauhaus Dessau como Patrimônio da Humanidade, 2004

Bauhaus, 1925, Dessau

A PARTIR DOS ANOS 1920, HAVIA UMA CARÊNCIA MUITO GRANDE DE HABITAÇÕES POPULARES PARA AS FAMÍLIAS QUE JÁ COMEÇAVAM A SE AGLOMERAR NA PERIFERIA DAS GRANDES CIDADES, PRINCIPALMENTE AS ALEMÃS. GROPIUS ENTÃO SE DEDICOU BASTANTE A ESSE TRABALHO, E ESTA FOI SUA GRANDE E IMPORTANTE PRODUÇÃO, ATÉ OS ANOS 1930: ARQUITETURA A SERVIÇO DA HABITAÇÃO POPULAR.

ELE ESTAVA MUITO IMPRESSIONADO COM O FORDISMO... OU SEJA, A LINHA DE PRODUÇÃO CRIADA POR HENRY FORD LOGO APÓS A 1ª GERRA MUNDIAL PARA A PRODUÇÃO DO FORD MODELO "T". SONHAVA COM ESSE... PROCESSO... SISTEMA... PARA CONSTRUÇÃO CIVIL E PERSEGUIU ESSE SONHO POR ANOS A FIO. LOGO PERCEBEU A DIFICULDADE DA PRODUÇÃO EM MASSA DE CONSTRUÇÕES COM BOA ARQUITETURA. A INDUSTRIALIZAÇÃO DE UM PRODUTO É MUITO DIFERENTE DA INDUSTRIALIZAÇÃO DE UMA CASA... ESSE PROBLEMA DESAFIA OS ARQUITETOS DO MUNDO TODO ATÉ HOJE.

DEIXANDO O FORDISMO DE LADO, ELE SE DEDICOU ENTÃO A PROJETAR CONJUNTOS HABITACIONAIS, PROPONDO A RACIONALIZAÇÃO DA CONSTRUÇÃO E A PRODUÇÃO EM MASSA DE COMPONENTES-PADRÃO QUE PUDESSEM GERAR PLANTAS E TIPOLOGIAS VARIADAS PARA DIFERENTES PROGRAMAS FAMILIARES E ECONÔMICOS.

1940
O HOLOCAUSTO SE ESPALHA; A ALEMANHA INVADE A FRANÇA E OS PAÍSES BAIXOS

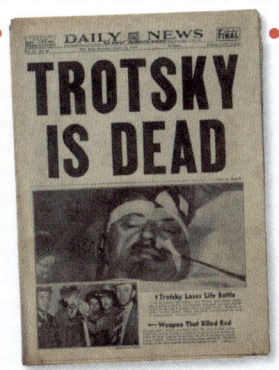

1940
LEON TRÓTSKI É ASSASSINADO NO MÉXICO

1940
WINSTON CHURCHILL É NOMEADO **PRIMEIRO--MINISTRO** DO REINO UNIDO

NESSES SEUS PROJETOS VOLTADOS PARA A HABITAÇÃO POPULAR, GROPIUS SE PREOCUPOU COM O DESENHO E A CONSTRUÇÃO BUSCANDO SIMPLIFICAÇÃO DE FORMAS, RACIONALIZAÇÃO, MECANIZAÇÃO DAS ETAPAS DE OBRA E INDUSTRIALIZAÇÃO. TUDO PARA ALCANÇAR ECONOMIA DE MEIOS E EXCELÊNCIA EM ARQUITETURA.

Plantas-tipo para o conjunto habitacional Törten, Dessau, 1928

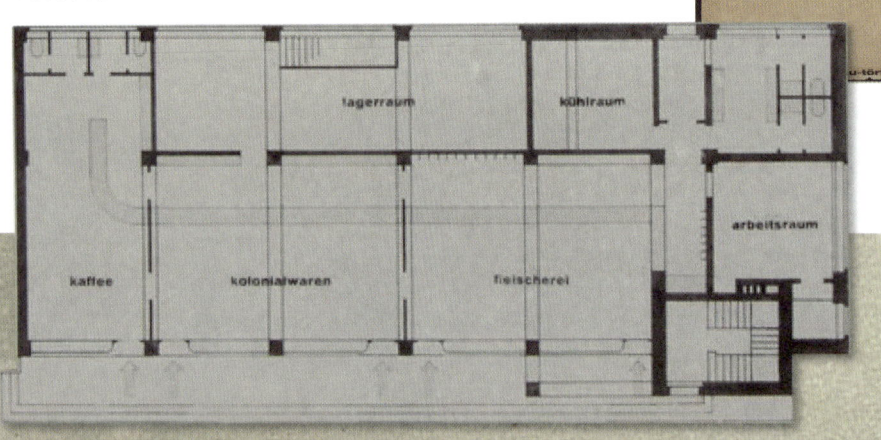

Conjunto habitacional Törten, Dessau, 1928

NO CONJUNTO HABITACIONAL DE TÖRTEN (1926-1928), GROPIUS APLICOU ALGUNS CONCEITOS DE RACIONALIZAÇÃO E PRÉ-FABRICAÇÃO DO CANTEIRO PARA CONSTRUIR MAIS DE 300 APARTAMENTOS COM TAMANHO VARIANDO DE 1 A 3 QUARTOS.

1941

ATAQUE À BASE NAVAL AMERICANA DE **PEARL HARBOR**: EUA E JAPÃO ENTRAM NA SEGUNDA GUERRA

1941

EM NOVA YORK, PRIMEIRA EMISSÃO DE UM COMERCIAL DE TV, FEITA PELA NBC

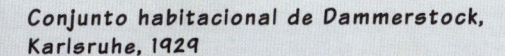

*Conjunto habitacional de Dammerstock,
Karlsruhe, 1929*

RACIONALIZAÇÃO NÃO SIGNIFICAVA
NECESSARIAMENTE REPETIÇÃO E MONOTONIA,
MAS SIM REALIZAR "DE ACORDO COM A
RAZÃO", ENGLOBANDO CONCEITOS MUITO
MAIS AMPLOS LIGADOS À ESTÉTICA
E À PSICOLOGIA DA FORMA.

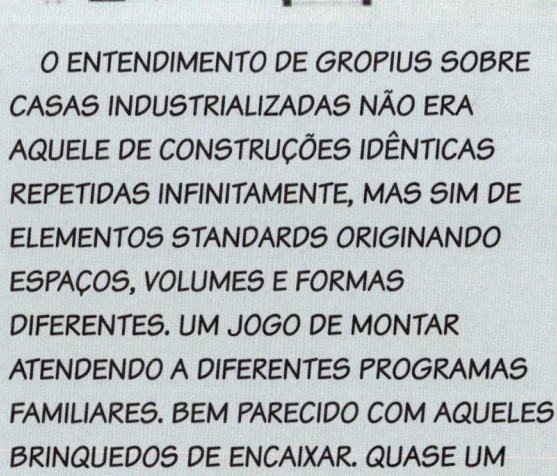

O ENTENDIMENTO DE GROPIUS SOBRE
CASAS INDUSTRIALIZADAS NÃO ERA
AQUELE DE CONSTRUÇÕES IDÊNTICAS
REPETIDAS INFINITAMENTE, MAS SIM DE
ELEMENTOS STANDARDS ORIGINANDO
ESPAÇOS, VOLUMES E FORMAS
DIFERENTES. UM JOGO DE MONTAR
ATENDENDO A DIFERENTES PROGRAMAS
FAMILIARES. BEM PARECIDO COM AQUELES
BRINQUEDOS DE ENCAIXAR. QUASE UM
LEGO.

1941

ORSON WELLES
DIRIGE E ATUA
EM **CIDADÃO KANE**
NOS EUA

1941

WILLYS-OVERLAND
E FORD PRODUZEM
PARA O EXÉRCITO
AMERICANO OS
PRIMEIROS CARROS
DA **JEEP**

1941

HO CHI MINH
FUNDA O
**MOVIMENTO
VIET MINH**
NO VIETNÃ

OU SEJA: PARA GROPIUS, A INDUSTRIALIZAÇÃO DA CONSTRUÇÃO ERA UM BALANÇO ENTRE ESTANDARDIZAÇÃO E INDIVIDUALIDADE. COM ISSO SE EVITARIA:

1.   A REPETIÇÃO MACIÇA DE UNIDADES IDÊNTICAS – COMO A QUE VEMOS HOJE;

2.   A INDIVIDUALIDADE IRRESPONSÁVEL DESCONEXA DA CULTURA E DA TECNOLOGIA, CRIANDO UM DESPERDÍCIO DE FORMAS GRATUITAS E EXIBICIONISMO DE MAU GOSTO – COMO MUITAS VEZES VEMOS HOJE TAMBÉM...

ALÉM DISSO, GROPIUS FOI MEMBRO – E DOS MAIS ATUANTES – DO INSTITUTO ALEMÃO DE PESQUISAS, RESPONSÁVEL PELA CONTRATAÇÃO E DESENVOLVIMENTO DE DEZENAS DE CONJUNTOS HABITACIONAIS POR TODA A ALEMANHA.

EM 1927, ELE ESCREVEU UM PRECISO E MUITO POUCO CONHECIDO PROGRAMA: *PREPARAÇÃO SISTEMÁTICA PARA CONSTRUÇÕES HABITACIONAIS RACIONAIS*. COMO EXPLICA HANS WINGLER, "UM EXTENSO PROGRAMA DE 21 RECOMENDAÇÕES – PRÁTICAS E TEÓRICAS – PARA A RACIONALIZAÇÃO DA INDÚSTRIA DA CONSTRUÇÃO":

"O DESEJO É MONTAR NO LOCAL DA OBRA OS ELEMENTOS (PILARES, VIGAS, PAINÉIS EXTERNOS) PREVIAMENTE FABRICADOS NA INDÚSTRIA, ATRAVÉS DE UM SISTEMA A SECO" – SEM ÁGUA, SEM ARGAMASSA E SEM CONCRETAGEM NO CANTEIRO DE OBRAS, COMO SÃO FEITAS AS MÁQUINAS. "TUDO MONTADO, PARAFUSADO, SOLDADO COM QUASE ZERO DE ENTULHO E DESPERDÍCIO";

"É FUNDAMENTAL A TRANSFORMAÇÃO (DO CONCEITO) DA 'INDÚSTRIA NA CONSTRUÇÃO' PARA A 'INDUSTRIALIZAÇÃO DA CONSTRUÇÃO'";

"O OBJETIVO É A HABITAÇÃO SER PRODUZIDA INDUSTRIALMENTE COMO UM PRODUTO QUE É MONTADO ATRAVÉS DE UM KIT DE ELEMENTOS CONSTRUTIVOS FLEXÍVEIS E PERMUTÁVEIS";

"NECESSITAMOS DE UM ESTOQUE DE ELEMENTOS PARA A PRODUÇÃO DE CONJUNTOS HABITACIONAIS, OS QUAIS NÃO SERÃO MAIS PRODUZIDOS NO CANTEIRO DE OBRAS".

MUITO PIONEIRO E SUSTENTÁVEL. MAIS MODERNO QUE ISSO, NO LO HAY!

1942

OCUPAÇÃO TOTAL DA FRANÇA PELAS TROPAS ALEMÃS

1942

ANDRÉ BRETON COORDENA A **EXPOSIÇÃO INTERNACIONAL SURREALISTA** EM NOVA YORK

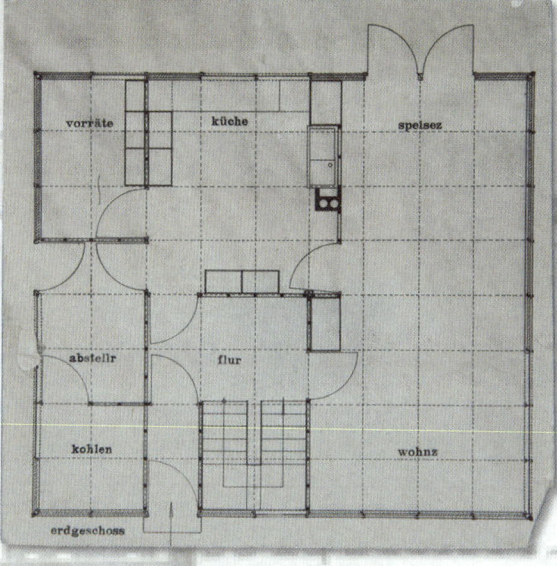

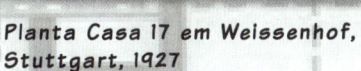

Planta Casa 17 em Weissenhof,
Stuttgart, 1927

Casa 17 em
Weissenhof.
Industrializada mas
bem quadradinha...
Stuttgart, 1927

EM 1927 O WERKBUND ALEMÃO ORGANIZOU A CONSTRUÇÃO DE UM PEQUENO "BAIRRO" EM STUTTGART – VEJA NA PÁGINA 112. GROPIUS CONSTRUIU DUAS CASAS NESSE GRANDE QUARTEIRÃO. A MAIS REVOLUCIONÁRIA DELAS FOI A CASA 17, QUASE TOTALMENTE MONTADA A SECO COMO ELE SEMPRE BUSCOU, COM QUASE TUDO VINDO PRONTO E SENDO MONTADO NA OBRA SEM ÁGUA, CIMENTO OU QUALQUER DESSAS COISAS QUE USAMOS ATÉ HOJE. A ARQUITETURA DELA ERA BEM... BASIQUINHA. MAS O OBJETIVO FOI ALCANÇADO: O SONHO DA CONSTRUÇÃO INDUSTRIALIZADA.

Conjunto habitacional de Siemensstadt, Berlim, 1931

EM 1963, NO ANIVERSÁRIO DE 80 ANOS DE GROPIUS, MIES VAN DER ROHE, ORGANIZADOR DA MOSTRA, RECORDOU ESSAS DUAS CASAS COMO BRILHANTES... AS MAIS INTERESSANTES CONSTRUÇÕES DESSA EXIBIÇÃO, UMA DEMONSTRAÇÃO LÚCIDA DAS POSSIBILIDADES DE UMA ARQUITETURA DE QUALIDADE QUE PUDESSE SE EXPRESSAR PELA INDUSTRIALIZAÇÃO DA CONSTRUÇÃO.

1942

LANÇAMENTO DO FILME **CASABLANCA**, COM DIREÇÃO DE MICHAEL CURTIZ

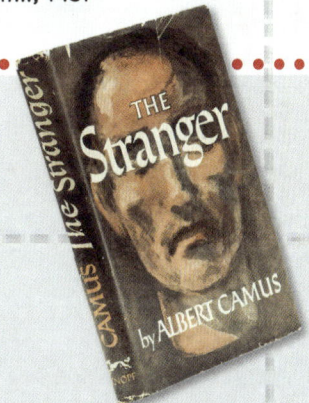

1942

ALBERT CAMUS ESCREVE **O ESTRANGEIRO** NA FRANÇA

Brinquedo de montar
Anker-Steinbaukasten
do século 19

GROPIUS SEMPRE SE REFERIA AOS JOGOS DE CONSTRUÇÃO EM BLOQUINHOS DE MADEIRA PARA CRIANÇAS, NUMA CLARA ANALOGIA À SUA IDEIA DE KIT DE PEÇAS INDUSTRIALIZADAS PARA CONSTRUÇÃO; O ANKER-STEINBAUKASTEN DOS ANOS 1870 FOI, DE LONGE, O MAIS LEMBRADO, SENDO INCLUSIVE USADO COMO MODELO PEDAGÓGICO NOS CURSOS DA BAUHAUS.

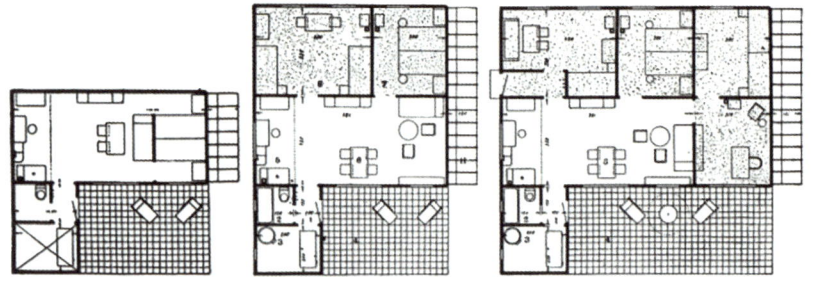

Possibilidades de plantas para casas, Berlim, 1931

Placas pré-fabricadas, Copper House,
Berlim, 1931

OUTRO PROTÓTIPO ELABORADO POR GROPIUS E CONSTRUÍDO NUMA FEIRA DE HABITAÇÃO DE BERLIM EM 1931 FOI A CASA DE COBRE, COPPER HOUSE. A ESTRUTURA FOI FEITA COM PILARES METÁLICOS, E AS PAREDES COM PAINÉIS VERTICAIS DE CHAPA DE COBRE DO LADO EXTERNO E PLACAS FININHAS DE CIMENTO AMIANTO DO LADO INTERNO.

ESSE CONJUNTO DE PAREDE PRONTA PREENCHIA TODO O VÃO VERTICAL – DO PISO AO TETO – E HORIZONTAL – DE PILAR A PILAR –, PORTANTO, SEM JUNTAS NEM EMENDAS. SEM ÁGUA, ARGAMASSA OU CONCRETAGEM, TUDO SECO, LIMPO. O MATERIAL VINHA PRONTO PARA SER PARAFUSADO NA OBRA, NÃO PRODUZINDO QUASE NADA DE ENTULHO – ALGO IDEAL PARA NOSSOS TEMPOS DE BUSCA POR SUSTENTABILIDADE. AS CASAS ERAM TÉRREAS E COM PLANTAS EXPANSÍVEIS DE 50 M² ATÉ 125 M². EXPRESSAVAM UMA ARQUITETURA SIMPLES, LIMPA E HONESTA COM SEU TEMPO E CULTURA. UMA IDEIA REVOLUCIONÁRIA PARA A ÉPOCA.

Copper House, Berlim, 1931

1943

JEAN-PAUL
SARTRE PUBLICA
NA FRANÇA
O SER E O NADA

O SER
E O NADA

Ensaio de Ont
Fenomenol

Jean-P

1943

EDWIN LAND
COMEÇA O
PROJETO DA
PRIMEIRA
CÂMERA DE FOTO
INSTANTÂNEA, A
POLAROID LAND

Edifício Gropius,
Conjunto Habitacional
Hansaviertel,
Berlim, 1957

SEU TRABALHO FOI FUNDAMENTAL PARA QUE A ALEMANHA DISPARASSE NA ÉPOCA, OFERECENDO A MELHOR QUALIDADE EM PROGRAMAS HABITACIONAIS, MUITO À FRENTE DAS EXPERIÊNCIAS DOS OUTROS PAÍSES.

EM 1933, TAMBÉM PERSEGUIDO PELOS NAZIS, ELE DEIXOU A ALEMANHA, PASSOU PELA INGLATERRA E FOI PARA OS ESTADOS UNIDOS, ONDE FOI CONVIDADO EM 1937 PARA LECIONAR NA UNIVERSIDADE DE HARVARD. JÁ NO ANO SEGUINTE TORNOU-SE DIRETOR DO DEPARTAMENTO DE ARQUITETURA.

NOS ESTADOS UNIDOS, GROPIUS TEVE UMA CARREIRA DE ENORME SUCESSO PROFISSIONAL E ACADÊMICO. FALECEU EM BOSTON, EM 1969, AOS 86 ANOS.

Gropius em 1955

Edifício MetLife (PanAm),
Nova York, 1963

1943

JACQUES COUSTEAU E ÉMILE GAGNAN DESENVOLVEM NA FRANÇA O **PRIMEIRO EQUIPAMENTO DE AR COMPRIMIDO** AUTOMÁTICO PARA MERGULHO

1943

JEAN GIRAUDOUX COMPÕE A PEÇA **SODOMA E GOMORRA** NA FRANÇA

1943

NA RÚSSIA, VITÓRIA DOS SOVIÉTICOS NA **BATALHA DE STALINGRADO**

Projeto de uma casa de campo - a Brick House,
Potsdam, 1923

LUDWIG MIES VAN DER ROHE

NASCIDO EM AACHEN, NA ALEMANHA, MIES (1886-1969), ASSIM COMO WALTER GROPIUS, INICIOU SUA PRÁTICA NO ESTÚDIO DO ARQUITETO PETER BEHRENS, EM 1908, QUANDO DESCOBRIU O DESIGN INDUSTRIAL, NUMA ÉPOCA EM QUE ESSA ÁREA NASCIA NA ALEMANHA PARA O MUNDO.

EM SEGUIDA, TAMBÉM FLERTOU COM O EXPRESSIONISMO ALEMÃO: PROJETOU EM 1919 O SEU GLASS SKYSCRAPER, UMA PLANTA COMPLETAMENTE AMORFA E ESCONSA – TRADUZINDO, SEM ÂNGULO RETO. ERA TUDO TORTINHO, O TOTAL OPOSTO DO QUE ELE FEZ DEPOIS. MIES NUNCA MAIS SE ARRISCOU NESSAS PARADAS DE FUGIR DO ÂNGULO RETO.

Glass Skyscraper, Berlim, 1919

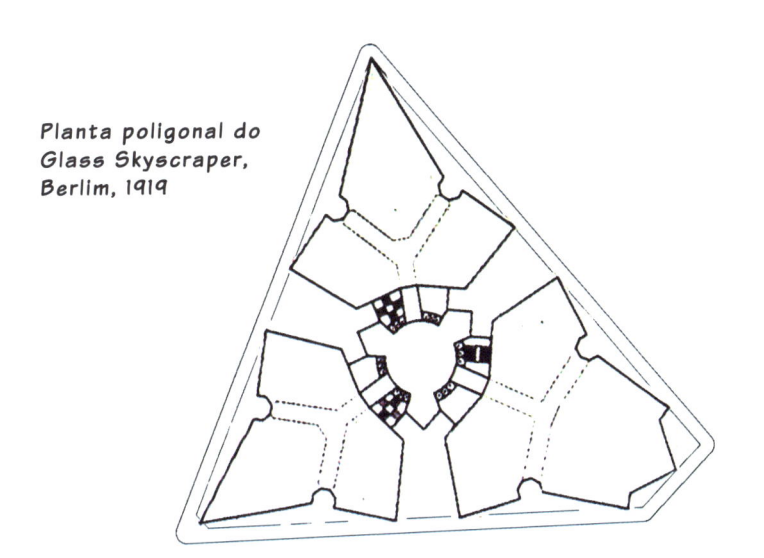

Planta poligonal do Glass Skyscraper, Berlim, 1919

Monumento para Rosa Luxemburgo e Karl Liebknech, outro projeto fora da curva do que viria a ser o "miessianismo", Berlim, 1926

1943

O QUÍMICO SUÍÇO ALBERT HOFMANN DESCOBRE, POR ACASO, A DROGA ALUCINÓGENA **LSD** NA SUÍÇA

Allies in Normandy, D-Day, June 6, 1944

1944

DIA D: INVASÃO DAS TROPAS ALIADAS NA NORMANDIA

UM MEGA TRABALHO PARA A ARQUITETURA MODERNA FOI A CURADORIA DO MIES DA EXPO WEISSENHOF, EM STUTTGART, EM 1927. CRIADA PELO WERKBUND ALEMÃO, A IDEIA ERA PROJETAR UM BAIRRO MODELO. PELA PRIMEIRA VEZ, A MAIORIA DOS "GRANDES MODERNOS" EUROPEUS SE ENCONTRARAM PARA PROPOR EXEMPLOS DE TIPOLOGIAS DE RESIDÊNCIAS PARA A NASCENTE SOCIEDADE URBANA, OPERÁRIA – QUASE TODO MUNDO TRABALHAVA EM IMENSAS FÁBRICAS – E MODERNA. UMA ESPÉCIE DE CASACOR, SÓ QUE DEFINITIVA E COM AS GRANDES ESTRELAS DO NASCENTE MODERNISMO. CADA "MODERNO" NO SEU QUADRADO. E ERA TUDO QUADRADO MEEESMO...

Cartaz para a Exposição Weissenhof, Stuttgart, 1927

EM WEISSENHOF, 16 ARQUITETOS PROJETARAM CERCA DE 30 EDIFÍCIOS (VEJA TAMBÉM AS PÁGINAS 107 E 142); TODOS OS PROJETOS – CASAS, VILINHAS OU EDIFÍCIOS BAIXOS – ERAM BRANQUINHOS E QUADRADINHOS. A ESCOLA DE AMSTERDÃ, DO TIJOLO APARENTE, NÃO FOI CONVIDADA, ASSIM COMO AS CURVAS DE ALVAR AALTO E OS TELHADOS DE FRANK LLOYD WRIGHT. ESSE EVENTO FOI TÃO MODERNO E CHOCANTE QUE EM 1932 FOI ORGANIZADA UMA MOSTRA NO MOMA DE NOVA YORK (VEJA PÁGINA 133) CHAMADA INTERNATIONAL STYLE – CÁ PRA NÓS, ARQUITETURA MODERNA – ONDE ESSE CONJUNTO FOI INTEGRALMENTE EXIBIDO COMO A PRIMEIRA MANIFESTAÇÃO COLETIVA DE EXEMPLOS DE ARQUITETURA MODERNA.

1944

ERIK WALLENBERG E RUBEN RAUSING INVENTAM NA SUÉCIA A EMBALAGEM PARA LEITE **TETRA PAK**

1944

LIBERTAÇÃO DE PARIS DO CONTROLE DO EXÉRCITO NAZISTA

ALÉM DA COORDENAÇÃO E DO PLANO DIRETOR DA ÁREA, MIES TAMBÉM CRIOU PARA ESSA EXPOSIÇÃO UM MODERNO PREDIOZINHO DE APARTAMENTOS: LIMPO, FUNCIONAL E ELEGANTE, TAL COMO TUDO QUE MAIS TARDE ELE VIRIA A PROJETAR.

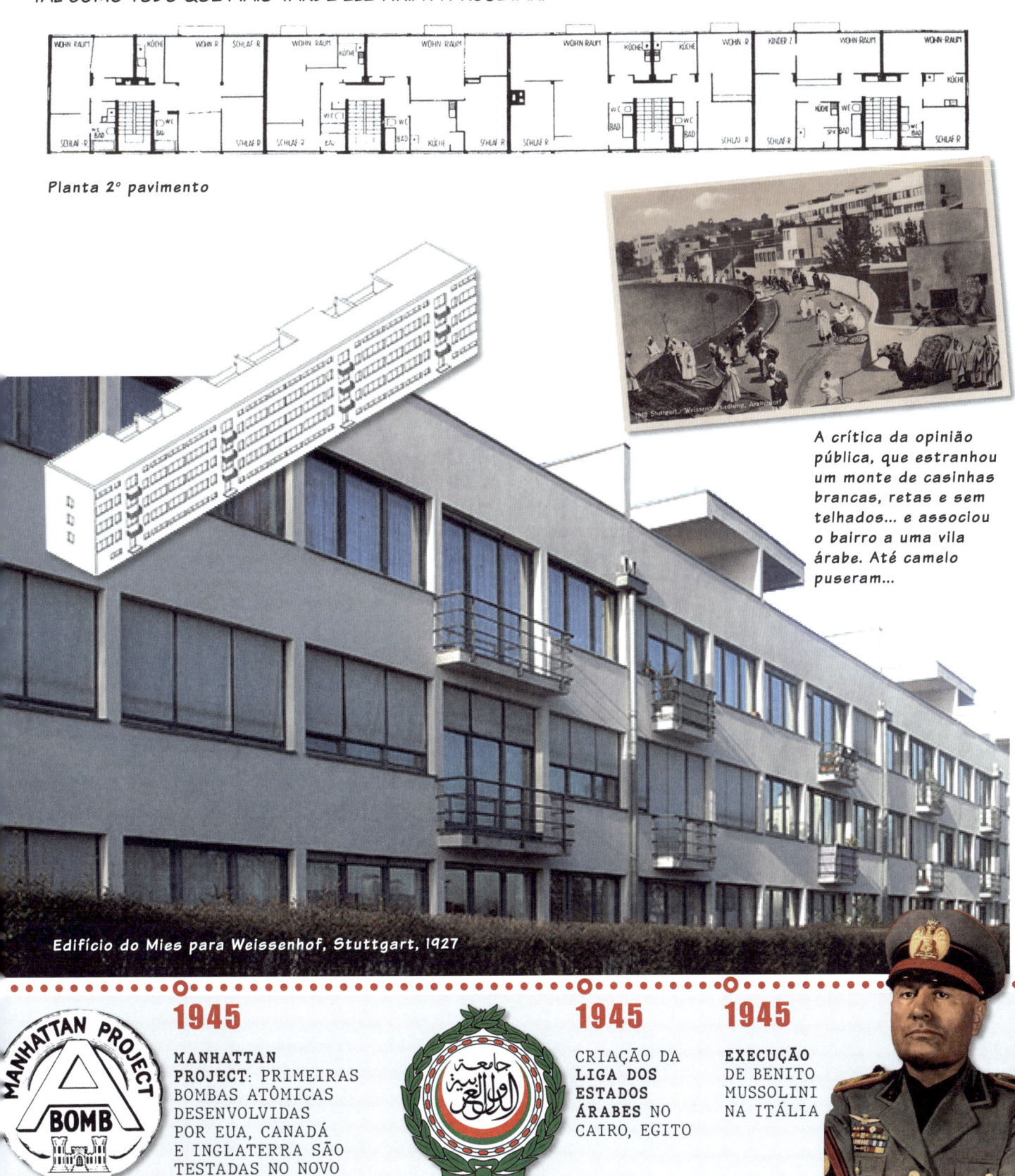

Planta 2° pavimento

A crítica da opinião pública, que estranhou um monte de casinhas brancas, retas e sem telhados... e associou o bairro a uma vila árabe. Até camelo puseram...

Edifício do Mies para Weissenhof, Stuttgart, 1927

1945

MANHATTAN PROJECT: PRIMEIRAS BOMBAS ATÔMICAS DESENVOLVIDAS POR EUA, CANADÁ E INGLATERRA SÃO TESTADAS NO NOVO MÉXICO

1945

CRIAÇÃO DA **LIGA DOS ESTADOS ÁRABES** NO CAIRO, EGITO

1945

EXECUÇÃO DE BENITO MUSSOLINI NA ITÁLIA

SEU TRABALHO SE CARACTERIZA POR UM RIGOR MUITO GRANDE NOS DETALHES, POR UMA CONCEPÇÃO FUNCIONAL E RADICAL QUE CLARAMENTE EXPRESSA SUA ARQUITETURA. PARA SE TER IDEIA, UMA DE SUAS FRASES CÉLEBRES, "MENOS É MAIS" – "LESS IS MORE" –, É UMA DAS EXPRESSÕES MAIS EMBLEMÁTICAS DA HISTÓRIA DA ARQUITETURA MODERNA. ELA CARACTERIZA BEM O RIGOR COM QUE MIES PROJETAVA, A MATURIDADE DOS SEUS ESPAÇOS E A LIMPEZA DAS FORMAS. PARA ELE, QUANTO MAIS LIMPA FOSSE UMA SOLUÇÃO CONSTRUTIVA, MAIS ELEGANTE E ÉTICO SERIA AQUELE ESPAÇO.

Pavilhão de Barcelona, Espanha, 1929

"MENOS É MAIS."

Mies Van Der Rohe

PARA MIES, UM PARAFUSO, UMA PORCA OU UM REBITE, PELA LÓGICA DE SEU ARRANJO ESTRUTURAL, TORNARIAM O PROJETO MAIS BONITO E VERDADEIRO DO QUE APLIQUES E ORNAMENTOS DESNECESSÁRIOS. ISSO É VERDADEIRO ATÉ HOJE: A BELEZA VEM DA PUREZA DA FORMA, DA LIMPEZA DA ESTRUTURA, DA CLAREZA DA FUNCIONALIDADE; E NÃO DE ALGUNS ENFEITES COLADOS NAS PAREDES LEMBRANDO ÉPOCAS PASSADAS... SE É QUE VOCÊ ME ENTENDE...

1945

MOMA DE NOVA YORK HOMENAGEIA **PIET MONDRIAN** EM RETROSPECTIVA

1945

EUA EXPLODEM BOMBAS ATÔMICAS EM **HIROSHIMA E NAGASAKI**, NO JAPÃO

ANNA MAGNANI

ROMA cidade aberta

EDIÇÃO DE COLECIONADOR

MIES FOI PIONEIRO NO USO APARENTE DO AÇO, COMBINANDO-O ORA COM VIDRO, ORA COM GRANITO OU TIJOLOS APARENTES, PRODUZINDO SEMPRE ESPAÇOS SÓBRIOS, LIMPOS E BONITOS PRA CARAMBA. EXPRESSANDO SEMPRE A SUA ARQUITETURA PELA LÓGICA DE SUAS ESTRUTURAS, CONSIDERAVA QUE A ARQUITETURA DEVERIA SE APROPRIAR E SE EXPRIMIR ATRAVÉS DAS CONQUISTAS DA TECNOLOGIA EM CONSTRUÇÃO – PARTICULARMENTE, NESTE CASO, NAS JÁ EFICIENTES INDÚSTRIAS SIDERÚRGICA E DO VIDRO.

Detalhe do pilar com seção cruciforme

EM 1929 PROJETOU SUA PRIMEIRA GRANDE OBRA: O PAVILHÃO ALEMÃO, NA EXPOSIÇÃO UNIVERSAL DE BARCELONA, ONDE APLICOU TODOS OS SEUS PRINCÍPIOS DE MINIMALISMO, PERFEIÇÃO E ELEGÂNCIA. UTILIZOU GRANITO, AÇO INOX E VIDRO – SÓ. NÃO PRECISOU DE MAIS NADA PARA CRIAR ESSA OBRA-PRIMA. HITLER FOI VISITAR E DETESTOU... NORMAL, NÉ? O PAVILHÃO FOI DEMOLIDO APÓS A FEIRA E RECONSTRUÍDO, IDÊNTICO AO ORIGINAL, EM 1983 COMO UM DOS SÍMBOLOS MÁXIMOS DA ARQUITETURA MODERNA. ATÉ HOJE ESTÁ LÁ NO MONTJUÏC, EM BARCELONA, PARA QUEM QUISER VER.

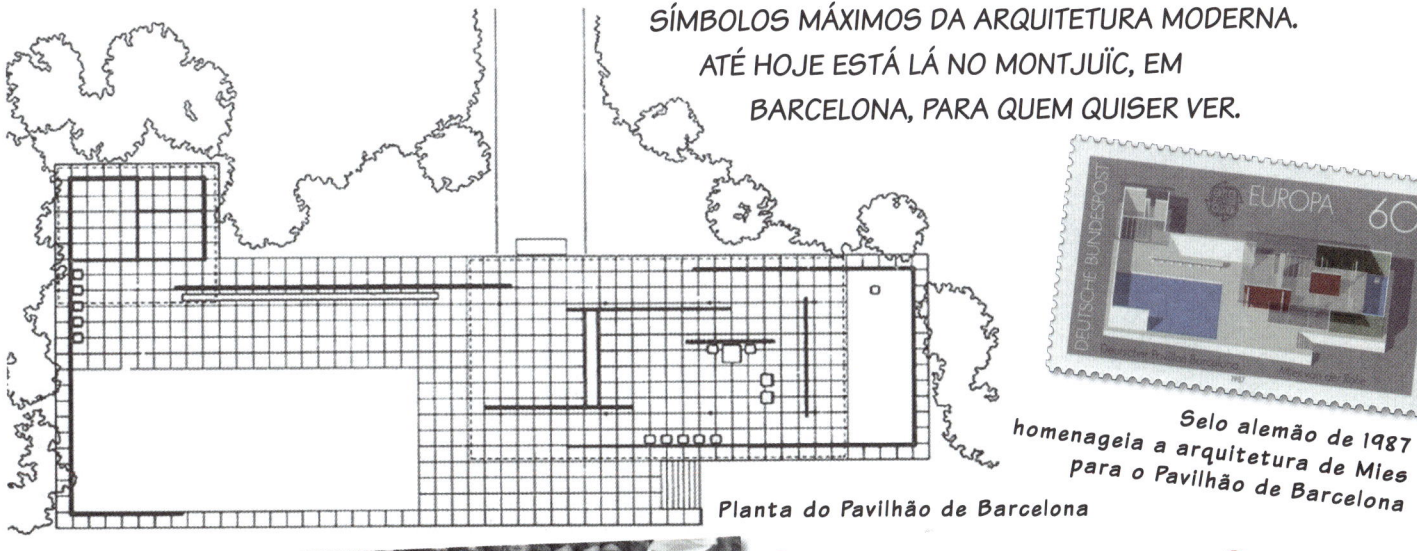

Planta do Pavilhão de Barcelona

Selo alemão de 1987 homenageia a arquitetura de Mies para o Pavilhão de Barcelona

1945

ROBERTO ROSSELLINI DIRIGE NA ITÁLIA O FILME **ROMA, CIDADE ABERTA**

1945

FIM DA **2ª GUERRA MUNDIAL**

1945

CRIAÇÃO DA ONU EM SAN FRANCISCO, EUA

BASTANTE LIGADO AO DESENHO INDUSTRIAL, AINDA NESSA ÉPOCA, MIES DESENVOLVEU DIVERSOS PROJETOS, SENDO AS POLTRONAS BARCELONA E BRNO OS MAIORES EXEMPLOS – E TOP BEST-SELLERS – DO SEU JOVEM TALENTO. ATÉ HOJE, QUASE 100 ANOS DEPOIS, ELAS SÃO RECONHECIDAS COMO PEÇAS CLÁSSICAS DO DESIGN MODERNO, PRODUZIDAS (E BASTANTE COPIADAS) EM TODO O MUNDO.

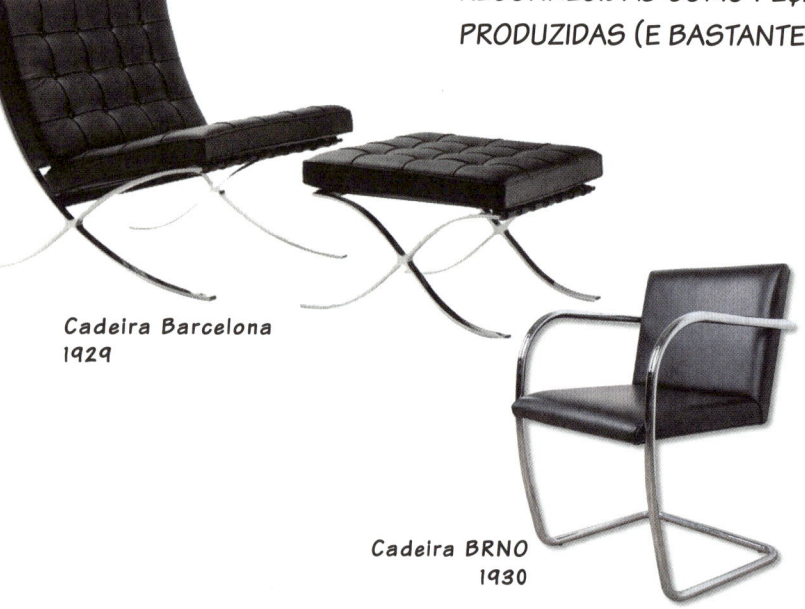

Cadeira Barcelona
1929

Cadeira BRNO
1930

DEPOIS DE DESENVOLVER DIVERSOS PROJETOS DE ARQUITETURA E PARA A INDÚSTRIA E DE PARTICIPAR DE ALGUNS GRUPOS VOLTADOS À DISCUSSÃO DO DESIGN NA SOCIEDADE, MIES FOI CONVIDADO POR WALTER GROPIUS PARA LECIONAR NA BAUHAUS, ONDE, COMO VIMOS, FOI DIRETOR DE 1930 A 1933.

MIES FOI O ÚLTIMO DIRETOR DA BAUHAUS, FECHADA PELOS NAZISTAS EM 1933. ELE ATÉ TENTOU CONTINUAR TRABALHANDO EM BERLIM POR ALGUNS ANOS, MAS NÃO DEU: O MOVIMENTO NAZISTA JÁ TINHA CRESCIDO MUUUITO. EM 1938, ACEITOU O CONVITE PARA SER DIRETOR DA

ESCOLA DE ARQUITETURA DO ILLINOIS INSTITUTE OF TECHNOLOGY (IIT), NA ÉPOCA AINDA CHAMADO DE ARMOUR INSTITUTE, EM CHICAGO, CARGO QUE EXERCEU POR 20 ANOS. LÁ, NÃO SOMENTE SUA VIDA MUDOU: A HISTÓRIA DA ARQUITETURA AMERICANA FOI MUDADA POR ELE.

Crown Hall no campus do IIT,
Chicago, 1950

1945

HO-CHI-MINH É ELEITO PRESIDENTE DO VIETNÃ DO NORTE

1946

ENIAC O PRIMEIRO COMPUTADOR ELETRÔNICO DO MUNDO, DESENVOLVIDO NOS EUA POR JOHN ECKERT E JOHN MAUCHLY

MESMO TENDO PROJETADO PRÉDIOS IMENSOS APLICANDO SEU CONCEITO DE ESTRUTURA METÁLICA E FECHAMENTO TODINHO EM VIDRO, UMA DE SUAS OBRAS MAIS REPRESENTATIVAS (E POLÊMICAS), SÍMBOLO ATÉ HOJE DE SUA TEORIA – PARA O BEM E PARA O MAL –, FOI UMA PEQUENA JOIA (MÍNIMA, NO CASO): UMA "CASINHA" NOS ARREDORES DE CHICAGO.

Casa Farsnworth, Plano, Illinois, 1945

A CASA FARNSWORTH, PROJETADA EM 1945 E CONCLUÍDA EM 1951, REPRESENTA UM POUCO O BOM E O RUIM DESSE CONCEITO. FOI ENCOMENDADA PELA SRA. FARNSWORTH, QUE TINHA UMA PAIXÃO, PARECE QUE NUNCA CORRESPONDIDA, POR MIES. NO FINAL DAS CONTAS, O "CASINHO" ACABOU JUNTO COM O DINHEIRO DELA, POIS A CONSTRUÇÃO SAIU MUITO MAIS CARA DO QUE O PREVISTO E ELA ACHOU UM HORROR TER UMA CASA COM TODAS AS PAREDES EXTERNAS DE VIDRO.

ELA O PROCESSOU ALEGANDO TAMBÉM QUE A CASA ERA MUITO FRIA NO INVERNO E MUITO QUENTE NO VERÃO, NO QUE ESTAVA CERTÍSSIMA – UMA "GAIOLA DE VIDRO", SEGUNDO ELA. NA LEVA DE CRÍTICAS QUE O PROCESSO PROVOCOU, ATÉ FRANK LLOYD WRIGHT SE METEU, CRITICANDO VEEMENTEMENTE O PROJETO, O ARQUITETO E ESSE ESTILO, O POLÊMICO INTERNATIONAL STYLE. IMAGINE PARA WRIGHT, QUE USAVA PEDRA, MADEIRA E MUITO TELHADO EM PROJETOS SE DERRETENDO PELO SOLO, VER UMA CASA DE CAMPO DE AÇO, VIDRO, LAJE PLANA E COMPLETAMENTE SOLTA DO CHÃO, COMO SE ESTIVESSE SE ESTRANHANDO COM A TERRA, SEPARANDO-SE DA NATUREZA – EXATAMENTE O EFEITO QUE MIES QUERIA.

MAS MESMO COM TODO ESSE IMBRÓGLIO, MIES FOI ABSOLVIDO E A CASA CONTINUA LÁ, COMO UMA DAS PRINCIPAIS OBRAS DE REFERÊNCIA DA ARQUITETURA MODERNA, RESISTINDO A VÁRIAS ENCHENTES – PARA COMPLETAR, A ÁREA É ALAGADIÇA – E SENDO SÍMBOLO DE UM PENSAMENTO ARQUITETÔNICO LARGAMENTE COPIADO NO MUNDO TODO. HOJE, ESSA PEQUENA OBRA-PRIMA PERTENCE AO NATIONAL TRUST FOR HISTORIC PRESERVATION DOS ESTADOS UNIDOS.

1946
NA PISCINA MOLITOR, EM PARIS, O ENGENHEIRO E ESTILISTA FRANCÊS LOUIS RÉARD LANÇA **O BIQUÍNI**

1946

A COMPANHIA CARROZZERIA PININFARINA DESENHA O **CISITALIA 202** NA ITÁLIA

1946
LUIGI BARTOLINI PUBLICA NA ITÁLIA **LADRÕES DE BICICLETAS**

NOS ANOS 1980, O "*LESS IS MORE*" DO MIES FOI REJEITADO POR ALGUNS ARQUITETOS E CRÍTICOS DE ARQUITETURA ADEPTOS DE ESPAÇOS MAIS REBUSCADOS, ENFEITADOS E COLORIDOS E TAMBÉM POR DEFENSORES DE UMA ARQUITETURA MAIS ORNAMENTADA, FESTIVA, DISSOCIADA DA SOBRIEDADE DO "FORMA SEGUE FUNÇÃO" DOS MODERNOS, SISUDA PARA ELES.

ESSE MOVIMENTO, ELES CHAMARAM DE PÓS-MODERNISMO, E PARODIARAM O "*LESS IS MORE*" DO MIES COM "*LESS IS A BORE*" ("MENOS É MONÓTONO"). DUROU UNS 20 ANOS E ACABOU. JÁ A ARQUITETURA DO MIES CONTINUA...

Apartamentos Lake Shore Drive 860, Chicago, 1948-1950; pela primeira vez, a "pele de vidro" de Mies é construída; tornou-se um clássico mundo afora, muitas vezes tão mal copiada

Edifício Seagram
Nova York, 1954-1958

FOI POR ESSA BUSCA CONSTANTE DA ESSÊNCIA CONSTRUTIVA, DA PRECISÃO DO DETALHE, QUE GROPIUS APELIDOU MIES DE "O SOLITÁRIO CAÇADOR DA VERDADE". BONITO ISSO, NÉ?

SULLIVAN TINHA RAZÃO... LESS IS BORE? HAHAHAHA ATÉ PARECE!

Mies van der Rohe

1947

PLANO DE PARTILHA DA **PALESTINA** É APROVADO PELA ONU EM NOVA YORK

1947

CIA, A AGÊNCIA DE INTELIGÊNCIA NORTE-AMERICANA, É FUNDADA NOS EUA

National Gallery, Berlim, Alemanha, 1962

SEJA INFLUENCIANDO SEUS ALUNOS, SEJA PROJETANDO EDIFÍCIOS QUE VIRARAM ÍCONES DA MODERNA ARQUITETURA AMERICANA, O QUE SE CONVENCIONOU CHAMAR DE INTERNATIONAL STYLE, MIES E SUA ARQUITETURA DE AÇO E VIDRO, DA PELE DE VIDRO E DO ESQUELETO DE AÇO, DO "MENOS É MAIS" SE ESPALHOU PRIMEIRO POR CHICAGO, DEPOIS POR NOVA YORK E, RAPIDAMENTE, PELO MUNDO TODO.

National Gallery. Para Mies, arquitetura e estrutura se fundem e se confundem... Berlim, Alemanha, 1962

MIES TEVE UMA CARREIRA DE MUITO SUCESSO ATÉ A SUA MORTE EM ILLINOIS, EM 1969, SENDO PROVAVELMENTE, ENTRE OS 4 MESTRES, O ARQUITETO MAIS INFLUENTE E COPIADO NO MUNDO.

Selo comemorativo de 100 anos de nascimento de Mies van der Rohe, Berlim, 1986

1947

TRATADO DE PAZ
ENTRE OS ALIADOS E OS PAÍSES VENCIDOS NA 2ª GUERRA MUNDIAL É ASSINADO EM PARIS

1947

HENRI CARTIER-BRESSON
EXPÕE SUAS FOTOGRAFIAS NO MOMA DE NOVA YORK

FRANK LLOYD WRIGHT

FRANK LLOYD WRIGHT (1867-1959) NASCEU NO INTERIOR DE WISCONSIN, FILHO DE PAIS QUE, APESAR DE BASTANTE RELIGIOSOS, SE SEPARARAM EM 1885. SEU PAI PROCESSOU SUA MÃE POR... ACREDITEM... FALTA DE AFEIÇÃO FÍSICA; PARECE QUE A COISA COMEÇOU POR AÍ, E FOI POR ISSO QUE O VELHO FRANK DEU NO QUE DEU.... A RELAÇÃO CONTURBADA DOS PAIS MARCOU PROFUNDAMENTE A VIDA DE WRIGHT, INFLUENCIANDO SEUS PRÓPRIOS RELACIONAMENTOS AO LONGO DA VIDA, QUE FORAM IGUALMENTE TUMULTUADOS.

Frank Lloyd Wright com 20 e poucos anos

COM SEUS TENROS 18 ANOS, EM 1885, ELE ABANDONOU OS ESTUDOS DE ENGENHARIA NA UNIVERSIDADE DE WISCONSIN PARA TRABALHAR COM ARQUITETURA EM CHICAGO. REPARE QUE ELE NÃO SE FORMOU – MAIS UM QUE FUGIU DA ESCOLA E ARRASOU NA CARREIRA. ERA PRATICAMENTE O INÍCIO DA ESCOLA DE CHICAGO E TRABALHO NÃO FALTAVA.

NA SEQUÊNCIA, EM 1886, ELE CONSEGUIU SE ENCAIXAR COMO DESENHISTA NO ESCRITÓRIO DA ESTRELA MÁXIMA DA ESCOLA DE CHICAGO, LOUIS SULLIVAN – TITULAR, AOS 30 E POUCOS ANOS, DO MAIS BADALADO ESCRITÓRIO DE CHICAGO. SULLIVAN, QUE, COMO VIMOS, TAMBÉM NÃO SE FORMOU, FOI PARA SEMPRE O SEU "BEM-AMADO MESTRE" E LOGO PASSOU A CONSIDERÁ-LO O SEU BEM-AMADO DISCÍPULO.

Desenho apresentado por FLW para ser contratado no escritório de Adler & Sullivan em 1887

1948

IBM LANÇA A MÁQUINA DE ESCREVER ELETRÔNICA **MODEL A** NOS EUA

1948

INÍCIO DO **APARTHEID** NA ÁFRICA DO SUL

Casa e estúdio do arquiteto, Oak Park, 1889

Planta da casa e estúdio, Oak Park, 1889

MAS EM POUCO TEMPO ESSE MAR DE ROSAS TERMINOU. COMO VIMOS NA PÁGINA 58, FRANK LLOYD ESTAVA "COSTURANDO PARA FORA", OU SEJA, ATENDENDO SEM AUTORIZAÇÃO A CLIENTES PARTICULARES – ALGUNS DO PRÓPRIO SULLIVAN.

W. W. Willits House, Highland Park, 1902

NESSE PERÍODO, QUE DUROU DE 1889 A 1891, WRIGHT PROJETOU 9 CASAS, CHAMADAS POR SULLIVAN DE "CASAS DE CONTRABANDO". ELES BRIGARAM E, JÁ EM 1893, FRANK LLOYD COMEÇOU SUA CARREIRA SOLO EM OAK PARK, PERIFERIA CHIQUE DE CHICAGO, ONDE FEZ DEZENAS DE CASAS QUE FICARAM CONHECIDAS COMO AS FAMOSAS PRAIRIE HOUSES, AS CASAS DE CAMPO – OU, PARA SER MAIS ROMÂNTICO, CASAS DE PRADARIA.

ENQUANTO LE CORBUSIER PREGAVA UMA ARQUITETURA SOLTA DO CHÃO, SOBRE PILARES – PILOTIS, EM ARQUITETÊS – E SEM SE MISTURAR COM A PAISAGEM, PARA FRANK LLOYD AS CONSTRUÇÕES DEVERIAM SE DERRETER NO SOLO, MIMETIZANDO-SE COM A NATUREZA, UTILIZANDO SEMPRE MATERIAIS NATURAIS DA REGIÃO E RESPEITANDO MUITO TODO O CONTEXTO DA OBRA. LONGE DA VANGUARDA EUROPEIA, QUE GOSTAVA DAS CAIXINHAS SEM TELHADOS, OS GRANDES BEIRAIS ERAM SUA MARCA REGISTRADA.

1948

I FESTIVAL INTERNACIONAL DE JAZZ DE NICE, FRANÇA

1948

INAUGURADO NO MONTE PALOMAR, CALIFÓRNIA, O **TELESCÓPIO HALE**, O MAIOR DO MUNDO ATÉ 1976

Cadeira Barrel, 1902

TUDO ISSO ASSOCIADO A UMA PLANTA LIVRE, GENEROSA, QUE SE DERRAMAVA PELO TERRENO... LONGE DAS CAIXAS DOS SEUS COLEGAS EUROPEUS... RACIONALISTAS... NADA A VER COM A MÁQUINA DE MORAR. WRIGHT APRESENTAVA UMA ARQUITETURA ABSOLUTAMENTE PESSOAL, ÚNICA: A ARQUITETURA ORGÂNICA. MUITA PEDRA, MADEIRA, VIDRO E VERDE ESPALHADOS PARA CRIAR GENEROSOS ESPAÇOS HORIZONTAIS TRANSPARENTES, PÁTIOS, PERGOLADOS, TERRAÇOS, TUDO DERRETENDO-SE TERRENO AFORA.

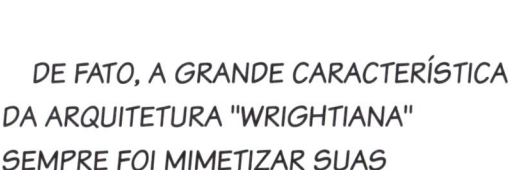

Darwin D. Martin House, Buffalo, 1903

DE FATO, A GRANDE CARACTERÍSTICA DA ARQUITETURA "WRIGHTIANA" SEMPRE FOI MIMETIZAR SUAS CRIAÇÕES COM A NATUREZA: O PRÉDIO SE MISTURAR COM O SOLO, A CASA PARECER MEIO FUNDIDA COM O SEU ENTORNO IMEDIATO – ELA NÃO FOI COLOCADA NO TERRENO, MAS NASCEU, BROTOU LÁ.

Avery Coonley House, Riverside, 1907

Vitral para Avery Coonley House, 1907

1948

CRIAÇÃO DO ESTADO DE **ISRAEL**

1948

PIERRE BOULEZ FINALIZA A **SONATA PARA PIANO Nº 2** NA FRANÇA

1948

A ONU ADOTA A DECLARAÇÃO UNIVERSAL DOS **DIREITOS HUMANOS**

A ROBIE HOUSE, COM SEUS LONGOS BEIRAIS, É O PROJETO MAIS DRAMÁTICO DESSA SAFRA. CHOCANTE... SUAS SALAS DE ESTAR E DE JANTAR FORMAM UM AMPLO ESPAÇO ININTERRUPTO, EXPRESSANDO UMA GENEROSA E ORIGINAL TRANSPARÊNCIA ENTRE OS ESPAÇOS, O QUE VIRIA A SER UMA MARCA DOS MODERNOS. ESSE EDIFÍCIO EXERCEU PROFUNDA INFLUÊNCIA NOS JOVENS ARQUITETOS EUROPEUS E É CONSIDERADO POR ALGUNS A PRIMEIRA OBRA-PRIMA DE FRANK LLOYD WRIGHT.

Robie House, Chicago, 1909

NAS SUAS *PRAIRIE HOUSES*, TODAS FARTAMENTE ESPARRAMADAS PELOS TERRENOS, OS TELHADOS SE SOBREPÕEM UNS SOBRE OS OUTROS NUM MOVIMENTO QUE DÁ RELEVO À COBERTURA, BEM DIFERENTE DAS LAJES PLANAS DOS EUROPEUS; SEUS VOLUMES ESTÃO SEMPRE EM HARMONIA COM A NATUREZA E A PAISAGEM, SEJA PELA VOLUMETRIA, SEJA PELOS MATERIAIS. ESSA É A MARCA DE SUA ARQUITETURA ORGÂNICA, MOTIVO DE TANTAS EXPOSIÇÕES, LIVROS E DEBATES NO MUNDO TODO. UMA DAS ARQUITETURAS MAIS ADMIRADAS EM TODA A HISTÓRIA.

1948

PRIMEIRA **TV A CABO** É PRODUZIDA NOS EUA

1949

MAO TSÉ-TUNG É PROCLAMADO PRESIDENTE DA REPÚBLICA POPULAR DA CHINA

1949

EM WASHINGTON, FUNDAÇÃO DA ORGANIZAÇÃO DO TRATADO DO ATLÂNTICO NORTE - **OTAN**

POR VOLTA DA VIRADA DO SÉCULO, FRANK TINHA PROJETADO E CONSTRUÍDO MAIS DE 50 RESIDÊNCIAS. LÁ PELOS ANOS DE 1910, ELE JÁ TINHA SE ESTABELECIDO COM MUITO SUCESSO E ERA NOME CONHECIDO NOS ESTADOS UNIDOS E NA EUROPA. FOI MAIS OU MENOS NESSA ÉPOCA QUE COMEÇOU UMA VIDA AMOROSA INTENSA E RECHEADA DE PAIXÃO, AVENTURAS, DRAMA E TRAGÉDIA. VAMOS FAZER UM RESUMÃO, SENÃO A GENTE SE PERDE – SORRY, MAS O SPOILER AQUI É INEVITÁVEL...

Frank Lloyd e família em sua casa em Oak Park. No centro, Kitty segurando o primeiro filho deles, 1890

 1889: ELE SE CASA AOS 22 ANOS COM KITTY TOBIN, COM QUEM TEM 6 FILHOS.

 1903: CONHECE MAMAH CHENEY, ESPOSA DO SEU CLIENTE EDWIN CHENEY, DURANTE A CONSTRUÇÃO DA CASA DELES. TORNAM-SE VIZINHOS E AMANTES.

 1909: FRANK E MAMAH ACABAM SE APAIXONANDO LOUCAMENTE E FOGEM PARA A EUROPA.

 1914: TRAGÉDIA! INCÊNDIO E ASSASSINATO DE MAMAH E MAIS 6 PESSOAS NA SUA RESIDÊNCIA TALIESIN I.

 1915: NAMORO COM MIRIAM NOEL E CASAMENTO CONTURBADO ATÉ 1923.

 1924: CONHECE OLGA (OLGIVANNA) LAZOVICH ENQUANTO AINDA ESTÁ LEGALMENTE CASADO COM MIRIAM.

1928: CASA-SE COM OLGIVANNA, COM QUEM FICA ATÉ SUA – DELE, NÉ – MORTE EM 1959.

Kitty Tobim (1871–1959)

Mary "Mamah" Cheney (1869-1914)

Maude Miriam Noel (1869-1930)

BOM, VAMOS LÁ. EM 1910, COM 41 ANOS, ELE JÁ ERA BEM FAMOSINHO, MAS AO MESMO TEMPO ESTAVA CANSADO E INSATISFEITO COM A VIDA NO SUBÚRBIO FAZENDO AS CASINHAS LINDAS DA BURGUESIA DE CHICAGO. E ENTÃO... É O AMOOOR... MAMAH, VIZINHA, MULHER DO CLIENTE, AMIGA DA ESPOSA, FEMINISTA ATUANTE E TRADUTORA DE SUECO E ALEMÃO, ABANDONA O MARIDO E UM CASAL DE FILHOS E, VUPT!, VAI-SE EMBORA COM O MESTRE. UM BAITA ESCÂNDALO.

Olga "Olgivana" Milanoff (1898-1985)

FRANK TAMBÉM LARGA TUDO – MULHER, 6 FILHOS, PROJETOS, OBRAS E CLIENTES – E OS 2 SE MANDAM PARA A EUROPA. CLARO QUE ISSO FOI MANCHETE EM TODOS OS JORNAIS DE CHICAGO, MAS ELE POUCO SE IMPORTOU. APAIXONADO, QUERIA ROMPER COM TODO O PASSADO E USOU A DESCULPA DE QUE IRIA ACOMPANHAR A DIVULGAÇÃO DE SEUS TRABALHOS EM BERLIM; A PRIMEIRA PUBLICAÇÃO SOBRE ELE SAIU NA ALEMANHA EM 1910.

1949

A PRIMEIRA COPIADORA DO MUNDO, DA HALOID - FUTURA **XEROX** -, É LANÇADA NOS EUA

1950

INÍCIO DA **GUERRA DA COREIA**

1950

KUROSAWA DIRIGE NO JAPÃO **RASHOMON** - ÀS PORTAS DO INFERNO

CEDO NA VIDA TIVE QUE ESCOLHER ENTRE A ARROGÂNCIA HONESTA E A HUMILDADE HIPÓCRITA... ESCOLHI A PRIMEIRA E NÃO VEJO MOTIVOS PARA MUDAR

Larkin Building, Buffalo, EUA, 1904. Demolido em 1950

NESSE ANO, FRANK LLOYD WRIGHT TEVE UMA ENORME EXPOSIÇÃO DE SEUS TRABALHOS EM BERLIM, CONSIDERADA NA ÉPOCA UMA DAS CAPITAIS CULTURAIS DA EUROPA, JUNTO COM PARIS E VIENA; E UMA LUXUOSA EDIÇÃO COMPOSTA DE 100 LITOGRAFIAS PUBLICADA PELA CHIQUÉRRIMA EDITORA WASMUTH, COM IMENSO ALCANCE E INFLUÊNCIA SOBRE TODA A GALERA IMPORTANTE DA ÉPOCA.

ELE NUNCA HAVIA PUBLICADO NADA, E ESSA EXPOSIÇÃO E A EDIÇÃO DE LUXO ESPALHARAM SEU NOME PELA EUROPA, FORAM OBJETO DE DISCUSSÃO E RESULTARAM EM DEZENAS DE PEDIDOS DE PALESTRAS. WRIGHT PERAMBULOU UM POUCO POR LÁ ATÉ 1911, QUANDO VOLTOU BEM FALIDO PARA OS ESTADOS UNIDOS, ONDE O CASAL FRANK E MAMAH FOI MUITO ESPINAFRADO PELA INFLUENTE COMUNIDADE PROTESTANTE AMERICANA, SENDO SEMPRE TRATADOS COMO AMANTES.

Capa portfólio Wasmuth

1950

A PRÁTICA DO **MACARTHISMO** É ADOTADA NOS EUA

1950

NEHRU, O PRIMEIRO-MINISTRO DA ÍNDIA, SE TORNA TAMBÉM PRESIDENTE DO CONGRESSO

NA VOLTA, COMO ESTAVA CANSADO DESSA HISTÓRIA DE MORAR NA PRADARIA – QUE PARA ELE NÃO ERA NEM CIDADE E NEM CAMPO – E DE SER CRITICADO PELA IMPRENSA E PELA SOCIEDADE CARETA DE CHICAGO POR MORAR COM A AMANTE (JÁ QUE NENHUM DOS 2 TINHA SE DIVORCIADO), WRIGHT SE ESTABELECEU NO CAMPO: VOLTOU PRO INTERIORZÃO DE WISCONSIN, EM SPRING GREEN, E LÁ CONSTRUIU A PRIMEIRA TALIESIN, QUE CHAMOU DE TALIESIN I.

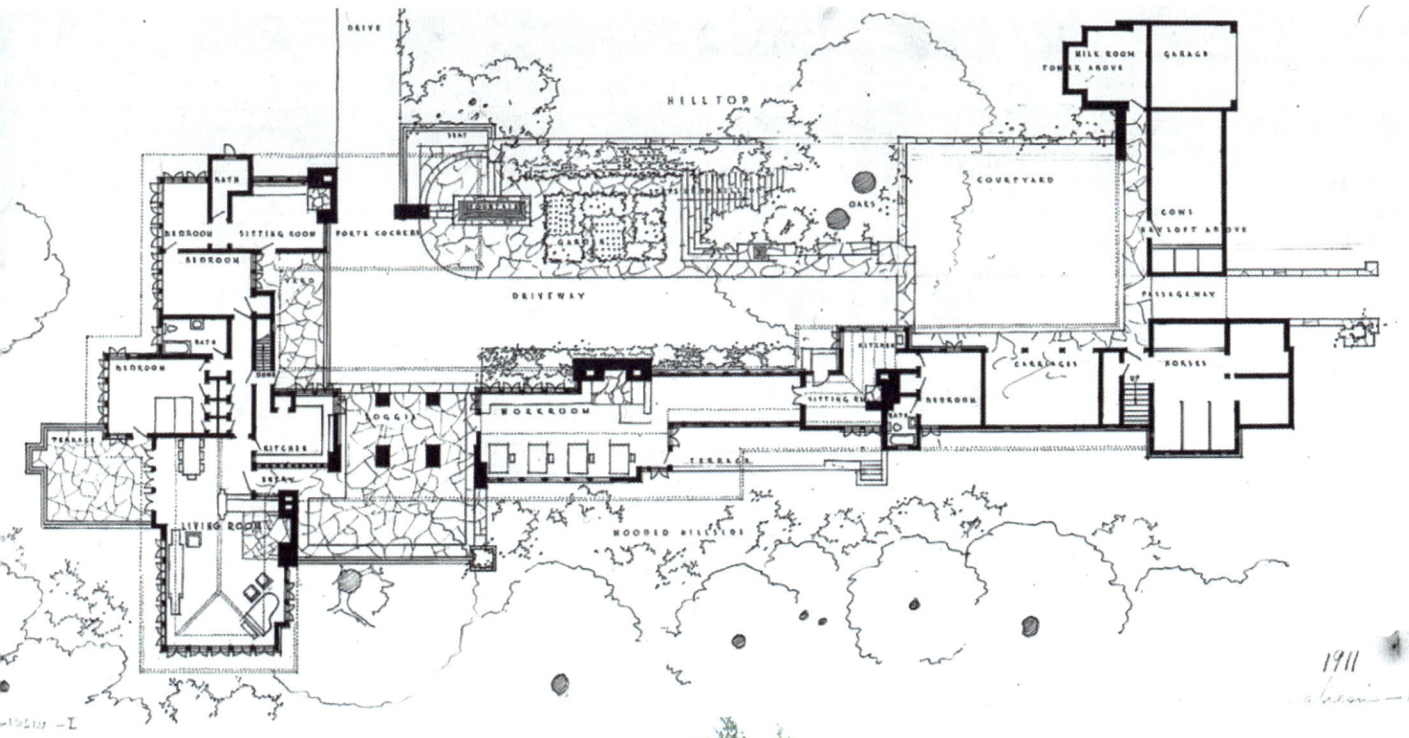

Taliesin I, Spring Green,
Wisconsin, 1911

ELE APLICOU SUAS TEORIAS PARA FAZER UMA CASA QUE BROTAVA DO CHÃO UTILIZANDO SÓ MATERIAIS DA REGIÃO: PEDRA, AREIA, MADEIRA E TIJOLOS. MAIS MIMETISMO COM A NATUREZA, IMPOSSÍVEL. UMA VERDADEIRA OBRA-PRIMA: CASA, ESCRITÓRIO, ESCONDERIJO, REFÚGIO...

Taliesin I, Spring Green,
Wisconsin, 1911

1951

J. D. SALINGER
PUBLICA
**O APANHADOR NO
CAMPO DE CENTEIO**
NOS EUA

1951

PRIMEIRO
COMPUTADOR
COMERCIAL,
UNIVAC I,
É LANÇADO
NOS EUA

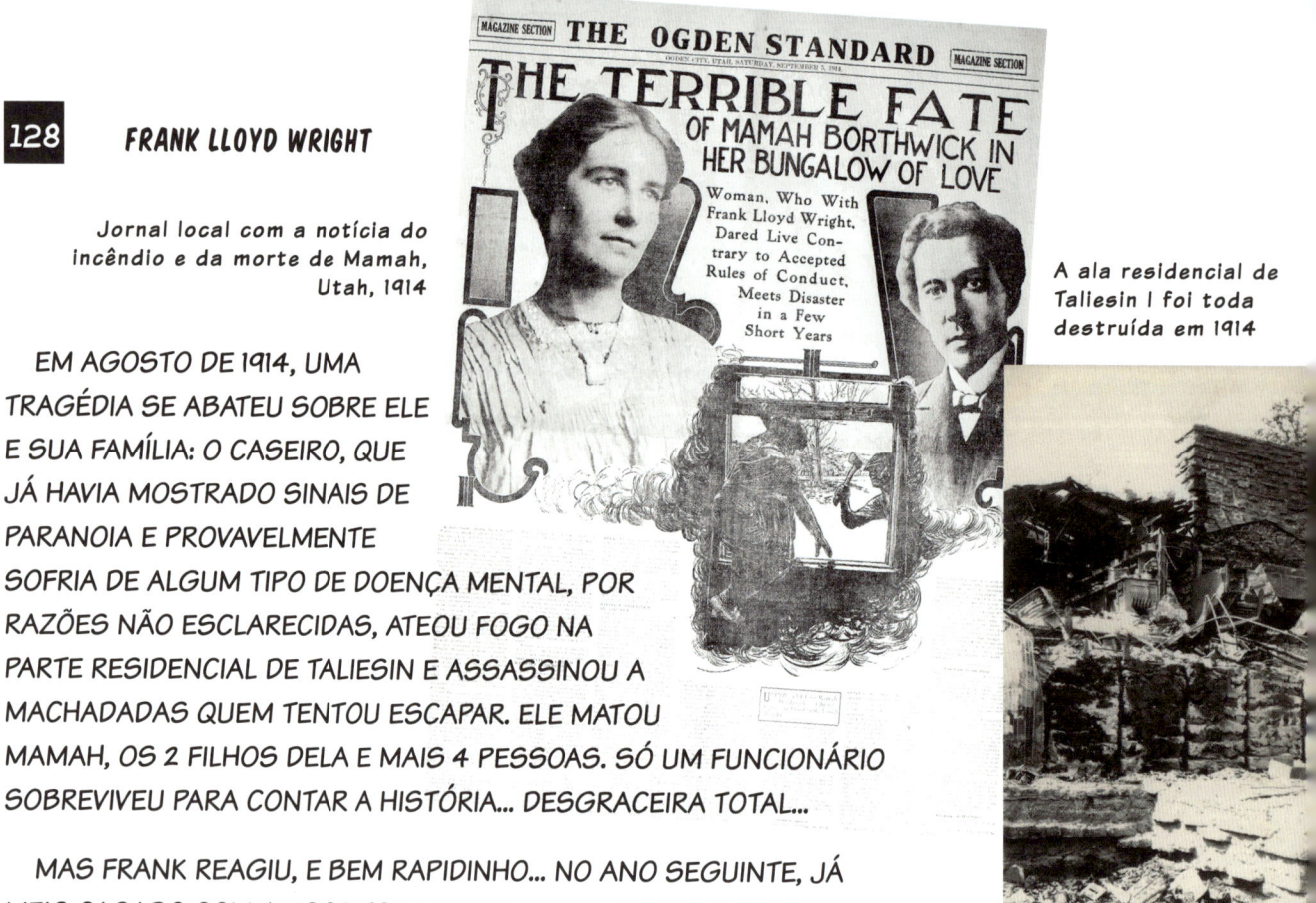

Jornal local com a notícia do incêndio e da morte de Mamah, Utah, 1914

A ala residencial de Taliesin I foi toda destruída em 1914

EM AGOSTO DE 1914, UMA TRAGÉDIA SE ABATEU SOBRE ELE E SUA FAMÍLIA: O CASEIRO, QUE JÁ HAVIA MOSTRADO SINAIS DE PARANOIA E PROVAVELMENTE SOFRIA DE ALGUM TIPO DE DOENÇA MENTAL, POR RAZÕES NÃO ESCLARECIDAS, ATEOU FOGO NA PARTE RESIDENCIAL DE TALIESIN E ASSASSINOU A MACHADADAS QUEM TENTOU ESCAPAR. ELE MATOU MAMAH, OS 2 FILHOS DELA E MAIS 4 PESSOAS. SÓ UM FUNCIONÁRIO SOBREVIVEU PARA CONTAR A HISTÓRIA... DESGRACEIRA TOTAL...

MAS FRANK REAGIU, E BEM RAPIDINHO... NO ANO SEGUINTE, JÁ MEIO CASADO COM A ESCRITORA MIRIAM NOEL, ELE PACIENTEMENTE RECUPEROU TODA A CONSTRUÇÃO, CHAMANDO-A TALIESIN II. MAS COMO DESGRAÇA POUCA É BOBAGEM, EM 1925 A CASA VOLTOU A PEGAR FOGO, DESSA VEZ POR PROBLEMAS ELÉTRICOS. PARCIALMENTE DESTRUÍDA, FOI RECONSTRUÍDA DE NOVO POR WRIGHT, AGORA COMO TALIESIN III. A PARTIR DAÍ, VOLTOU A SER O SEU PORTO SEGURO POR QUASE 35 ANOS.

Taliesin III, 1925, Spring Green, Wisconsin. Reparem na elegante volumetria dos telhados, uma das marcas inconfundíveis da arquitetura de Wright

1951

ENERGIA NUCLEAR É UTILIZADA PARA PRODUZIR ELETRICIDADE PELA PRIMEIRA VEZ EM IDAHO, EUA

1952

FULGENCIO BATISTA DÁ UM GOLPE DE ESTADO E TOMA O PODER EM CUBA

EM 1916, WRIGHT VOLTOU AO JAPÃO PARA O ENORME PROJETO DO HOTEL IMPERIAL DE TÓQUIO, CUJAS OBRAS FORAM ATÉ 1923. ELE JÁ HAVIA ESTADO NO PAÍS EM 1905, QUANDO SE ENCANTOU COM AS ESTAMPAS E OS ORNAMENTOS JAPONESES. DESSA VEZ, OPTOU POR MORAR EM TÓQUIO, INDO PERIODICAMENTE AOS ESTADOS UNIDOS PARA ACOMPANHAR SUAS OBRAS.

FLW também projetou casinhas pré-fabricadas para loteamentos "populares"; para este projeto, 7 modelos com diferentes programas foram desenvolvidos. Illinois e Wisconsin, 1912 a 1916

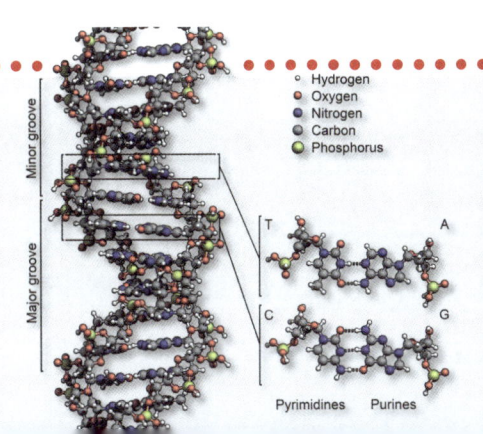

Imperial Hotel, Tóquio, 1919

NA MESMA ÉPOCA, COMEÇO DOS ANOS 1920, ELE AINDA ESTAVA COM SUA TERCEIRA MULHER – MEIO AGITADINHA –, MIRIAM NOEL, COM QUEM SE CASOU SÓ EM 1923. O CASAMENTO DELES FOI BEM TUMULTUADO, E A SEPARAÇÃO, ENTÃO... UM BARRACO ATRÁS DO OUTRO. MIRIAM ERA VICIADA EM MORFINA E MENTALMENTE INSTÁVEL E, APESAR DE NO ANO SEGUINTE AO CASAMENTO, EM MAIO DE 1924, ELES JÁ ESTAREM SEPARADOS, WRIGHT NÃO CONSEGUIA O DIVÓRCIO.

Imperial Hotel, Tóquio, 1919

Hydrogen
Oxygen
Nitrogen
Carbon
Phosphorus

Minor groove

Major groove

T — A

C — G

Pyrimidines   Purines

1953

NA INGLATERRA, FRANCIS CRICK E JAMES WATSON, JUNTO A ROSALIND FRANKLIN E MAURICE WILKINS, DESCOBREM A FUNÇÃO DA **MOLÉCULA DE DNA**

1953

FORMAÇÃO DA COMPANHIA DE DANÇA **MERCE CUNNINGHAM** NOS EUA

O jornal local, Morning Montana, dava os "furos" sobre os problemas "domésticos" de FWL, 1926

NO FINAL DO MESMO ANO, WRIGHT COMEÇOU UMA HISTÓRIA COM A BAILARINA E ESCRITORA OLGA IVANOVNA LAZOVICH – ELE COM 57, ELA COM 26 ANINHOS. CONHECIDA COMO OLGIVANNA, ELA FOI MORAR COM WRIGHT EM TALIESIN III JÁ NO COMEÇO DE 1925. NO FINAL DO ANO SEGUINTE, A EX PROBLEMÁTICA DEU À LUZ UMA MENINA, IOVANNA. ASSIM QUE A NENÊ NASCEU, MIRIAM ARMOU DIVERSOS BARRACOS, SEMPRE ACUSANDO WRIGHT DE ABANDONO DO LAR, CRUELDADE, BIGAMIA... AQUELAS COISAS... ELA E WRIGHT ACABARAM ATÉ INDO PARAR NA CADEIA.

QUANDO FRANK LLOYD SAIU DA CADEIA, TRAVOU UMA BATALHA JURÍDICA PARA SE DIVORCIAR DE MIRIAM QUE, MESMO APÓS O DIVÓRCIO, EM 1927, CONTINUOU A "RODAR A BAIANA" NA VIDA DE WRIGHT. ELA MORREU EM 1930, COM 61 ANOS. POUCO TEMPO ANTES DISSO, EM 1928, FRANK FINALMENTE SE CASOU COM OLGIVANNA, SUA GRANDE E ÚLTIMA COMPANHEIRA, COM QUEM FICOU ATÉ O FIM DA VIDA, VINDO A FALECER EM 1959, AOS 92 ANOS, EM PHOENIX, ARIZONA.

Frank Lloyd e Olgivanna, 1957

NESSE PERÍODO, FINAL DOS ANOS 1920, NA "CALMARIA" DESSE CENÁRIO DOMÉSTICO, ELE PASSOU A MAIOR PARTE DO TEMPO EM SEU QG, TALIESIN III, ONDE ELABOROU UMA SÉRIE DE ESBOÇOS DE PRÉDIOS QUE JAMAIS FORAM CONSTRUÍDOS. É UM PERÍODO SEM CLIENTES, SEM DINHEIRO – CHEGOU A PERDER TALIESIN III PARA OS BANCOS, QUE DEPOIS FOI RECUPERADA –, DE REFLEXÃO E PESQUISAS DE PROJETOS.

Taliesin West, Scottsdale, 1937

1954

INÍCIO DA **GUERRA DE INDEPENDÊNCIA ARGELINA** DO DOMÍNIO FRANCÊS

1954

A **BATERIA SOLAR** É INVENTADA POR CIENTISTAS DA BELL TELEPHONE LABORATORIES NOS EUA

NA DÉCADA SEGUINTE, APESAR DA GRANDE DEPRESSÃO DOS ANOS 1930, TALIESIN III TESTEMUNHOU A CRIAÇÃO DE MUITAS DAS OBRAS-PRIMAS DE WRIGHT, HOJE GRANDES MONUMENTOS DA ARQUITETURA MODERNA: A CASA DA CASCATA, EM MILL RUN, PENSILVÂNIA (1935); A SEDE DA S. C. JOHNSON, EM RACINE, WISCONSIN (1936); E A TALIESIN WEST (1938), HOJE FRANK LLOYD WRIGHT FOUNDATION, EM SCOTTSDALE, ARIZONA. ALIÁS, FOI LÁ QUE O MUSEU GUGGENHEIM DE NOVA YORK FOI PROJETADO, EM 1943, PROVAVELMENTE SEU TRABALHO MAIS IMPORTANTE E UMA DAS OBRAS MAIS MARCANTES DO SÉCULO 20.

Casa da cascata – Fallingwater House –, Mill Run, Pensilvânia, 1935

Selo de 1982 em edição comemorativa à arquitetura americana

Johnson Wax Bulding, Racine, 1936

Taliesin West, Scottsdale, 1937. Pedra, madeira e concreto se derretendo pelo solo...

... criando um espaço de muita beleza, muita luz e transparência

1954

PRIMEIRO VOO DO PROTÓTIPO DO **BOEING 707**, NOS EUA

1954

INÍCIO DA **GUERRA DO VIETNÃ**

WRIGHT NUNCA CONCORDOU COM O MINIMALISMO DO "MENOS É MAIS" E O ESTILO INTERNACIONAL PARA ARQUITETURA. JAMAIS SE ENCANTOU COM OS MODERNOS EUROPEUS, QUE ERAM MUITO TEÓRICOS PARA ELE. A RESPEITO DE LE CORBUSIER, UMA VEZ DISSE: "AGORA QUE PROJETOU UMA GARAGEM, VAI ESCREVER 20 LIVROS SOBRE ISSO"... ELE ODIAVA OS PILOTIS DOS MODERNOS E ACREDITAVA QUE A ARQUITETURA DEVERIA "NATURALMENTE" BROTAR DO CHÃO, FUNDIDA NA PAISAGEM. PARA ELE, CADA PROJETO SEMPRE FOI ÚNICO, INDIVIDUAL, EXCLUSIVO, EXPLORANDO AS CARACTERÍSTICAS DA REGIÃO, O JEITÃO DO LOCAL. SUA ARQUITETURA DE CUNHO ABSOLUTAMENTE PESSOAL INFLUENCIOU O FAZER ARQUITETURA NO MUNDO TODO.

Estudo para o Museu Solomon R. Guggenheim, Nova York, 1943-1959

A FORMA E A FUNÇÃO SÃO UMA COISA SÓ.

ANTES DO FINAL DOS ANOS 1940, WALTER GROPIUS E MIES VAN DER ROHE, OS MODERNOS ALEMÃES CHEGADOS DA EUROPA, JUNTO COM OS AUSTRÍACOS RUDOLPH SCHINDLER (1887-1953) E RICHARD NEUTRA (1892-1970), QUE VIERAM ANTES E SE ESTABELECERAM NA COSTA OESTE, EM LOS ANGELES, CONTRIBUÍRAM PARA QUE TODA A CENA MODERNA SE CONCENTRASSE NESSES 2 POLOS DE VANGUARDA MUNDIAL: EUROPA E ESTADOS UNIDOS.

Frank Lloyd Wright

1956

MARROCOS DECLARA **INDEPENDÊNCIA** DA FRANÇA

1956

NA CALIFÓRNIA, EUA, CHARLES E RAY EAME DESENHAM A POLTRON **CHARLES EAMES**

ANTENADO COM TODO ESSE MOVIMENTO EUROPEU QUE JÁ FAZIA MUITO ECO NOS ESTADOS UNIDOS, O MOMA DE NOVA YORK PROMOVEU EM 1932 – COM APENAS 3 ANINHOS DE IDADE – UMA PIONEIRA EXPO SOBRE A NASCENTE ARQUITETURA MODERNA, BATIZADA POLEMICAMENTE DE *THE INTERNATIONAL STYLE: ARCHITECTURE SINCE 1922* – O ESTILO INTERNACIONAL: ARQUITETURA DESDE 1922. REUNINDO OS MODERNOS ARQUITETOS EUROPEUS E AMERICANOS, O EVENTO OFICIALMENTE RECONHECEU A EXISTÊNCIA DE UMA NOVA ARQUITETURA E, PASMEM, MINIMIZOU EM MUITO A PARTICIPAÇÃO DE FRANK LLOYD WRIGHT E O SEU TALENTO, APESAR DE TODA A SUA OBRA JÁ SER MUITO CONHECIDA E ADMIRADA NA EUROPA. DIGAMOS QUE ELE TEVE UMA PARTICIPAÇÃO MAL-HUMORADA E OFENDIDA, QUASE CONTRA A SUA VONTADE, COMO SE O TEMA DA EXPO FOSSE **"TELHADO NÃO ENTRA"**...

The International Style. Henry-Russell Hitchcock e Philip Johnson, 1932

MAS FOI AÍ QUE A ARQUITETURA MODERNA PASSOU A EXISTIR OFICIALMENTE, TANTO NA EUROPA COMO NOS ESTADOS UNIDOS, E FORMA CONTINUOU A SEGUIR FUNÇÃO POR MUITOS ANOS, ATÉ OS DIAS DE HOJE – OU QUASE. E FRANK LLOYD CONTINUOU, COMO AINDA CONTINUA, A SER O *THE BEST* DA ARQUITETURA AMERICANA E UMA DAS FIGURAS MAIS IMPORTANTES E INFLUENTES DE TODA A HISTÓRIA DA ARQUITETURA.

Museu Solomon R. Guggenheim, Nova York, 1943-1959

WRIGHT ESCREVEU DEZENAS DE LIVROS E ARTIGOS, FOI PALESTRANTE NO MUNDO TODO E RECONHECIDO INTERNACIONALMENTE COMO UM DOS MAIORES MESTRES DO SÉCULO 20. SEU TRABALHO ÚNICO E ABSURDAMENTE CRIATIVO LEVOU O INSTITUTO AMERICANO DE ARQUITETOS (AIA) A RECONHECÊ-LO OFICIALMENTE EM 1991 COMO "O MAIOR ARQUITETO AMERICANO DE TODOS OS TEMPOS".

Selo em homenagem a Frank, 1966

1956

IBM INVENTA A **MEMÓRIA EM HD** NOS EUA: PESAVA MAIS DE 1 TONELADA

1956

COMPANHIA PIAGGIO LANÇA A **VESPA 150CC** NA ITÁLIA

LE CORBUSIER

Unidade de Habitação de Marselha, França, 1946

Documento de identidade de
Le Corbusier, 1943

A FRANÇA TAMBÉM PARTICIPOU DO INÍCIO DA ARQUITETURA
MODERNA COM O TRABALHO DE ALGUNS PIONEIROS,
PRINCIPALMENTE O MAIS IMPORTANTE ARQUITETO DESSE
MOVIMENTO E DE TODO O SÉCULO 20, LE CORBUSIER.

CHARLES-EDOUARD JEANNERET (1887-1965), QUE TAMBÉM
NÃO ESTUDOU ARQUITETURA, NASCEU NA SUÍÇA E LOGO AOS
20 ANINHOS REALIZOU UM MONTE DE VIAGENS; ALIÁS, VIAJAR PARA
VER CONSTRUÇÕES SEMPRE FOI ALGO MUITO IMPORTANTE PARA
ARQUITETOS E ELE SABIA DISSO.

COMEÇOU PELA ITÁLIA, EM 1907, ADMIRANDO AS ARQUITETURAS DA
TOSCANA; DEPOIS BUDAPESTE E, NA SEQUÊNCIA, VIENA, ONDE CHEGOU A
TRABALHAR COM ADOLF LOOS – AQUELE MESMO DO "ORNAMENTO É UM
CRIME".

Relógio projetado e gravado por Le Corbusier na
Escola de Artes de La Chaux-de-Fonds, Suíça, 1906

ACABOU PARANDO EM PARIS, ONDE, A PARTIR DE 1908, TRABALHOU
POR QUASE 2 ANOS NO ESCRITÓRIO DO ENGENHEIRO AUGUSTE PERRET
(1874-1954), QUE FOI O INTRODUTOR NA ARQUITETURA DA ESTRUTURA
EM ESQUELETO, COM PILARES E VIGAS DE CONCRETO APARENTES. O
QUE A ESCOLA DE CHICAGO FEZ COM O AÇO
NOS ESTADOS UNIDOS, PERRET, AINDA
QUE NUMA ESCALA MENOR, FEZ COM O
CONCRETO NA FRANÇA. FOI UM ESTÁGIO
CURTO MAS MUITO MARCANTE E
INFLUENTE EM TODA A CARREIRA DE
LE CORBUSIER.

ESSE NERD VAI LONGE!

Auguste Perret

Le Corbusier com 24 anos,
em 1911

1957

INÍCIO DA CORRIDA
ESPACIAL: PRIMEIRO
SATÉLITE ARTIFICIAL,
SPUTNIK 1, É LANÇADO
PELA UNIÃO SOVIÉTICA

1957

DOUTOR JIVAGO,
DE BORIS PASTERNAK,
É PUBLICADO
NA ITÁLIA

EM 1910, FOI PARA A ALEMANHA PESQUISAR SOBRE O WERKBUND ALEMÃO, CHEGANDO A ESTAGIAR NO ESCRITÓRIO DE PETER BEHRENS EM BERLIM – COMO VIMOS, NA ÉPOCA PROVAVELMENTE O MAIS IMPORTANTE ESCRITÓRIO DE ARQUITETURA DA EUROPA. ISSO FOI NO MESMO PERÍODO EM QUE MIES VAN DER ROHE E WALTER GROPIUS ESTAVAM POR LÁ, JÁ SAINDO PARA SEGUIREM SUAS CARREIRAS...

FALA SÉRIO, DÁ PARA IMAGINAR A PRODUÇÃO DESSE ESCRITÓRIO TENDO ESSAS 3 FIGURAS COMO... **ESTAGIÁRIOS?!** E PETER BEHRENS COMO MESTRE!

Desenhos lindos dos cadernos de viagens de Le Corbusier, 1907-1911

EM 1911, LE CORBUSIER FEZ UMA GRANDE VIAGEM QUE COMEÇOU NO LESTE DA EUROPA, CUJAS ANOTAÇÕES, DESENHOS E FOTOS VIRARAM O LIVRO **VIAGEM AO ORIENTE**. ELE FOI ATÉ A TURQUIA, ONDE SE DESLUMBROU COM AS MESQUITAS DE ISTAMBUL, "UMA GEOMETRIA ELEMENTAR QUE DISCIPLINA AS MASSAS: O QUADRADO, O CUBO, A ESFERA"; E DEPOIS À GRÉCIA, AO PARTENON, "UMA MÁQUINA DE EMOCIONAR", DIRIA ELE, SEMPRE OBCECADO PELA IDEIA DA EFICIÊNCIA DA MÁQUINA. E POR AÍ FOI: SUL DA ITÁLIA, POMPEIA... TUDO ISSO AINDA COM 24 ANOS!

1957

INGMAR BERGMAN DIRIGE **MORANGOS SILVESTRES** NA SUÉCIA

1957

ARNE JACOBSEN DESENHA A **CADEIRA 4130** NA DINAMARCA

1957

EM NOVA YORK, EERO SAARINEN DESENHA A **CADEIRA TULIPA** PARA A KNOLL

DE 1914 ATÉ O FINAL DA DÉCADA DE 1920, LE CORBUSIER ESTEVE TOTALMENTE FOCADO NO "ESPÍRITO DE CONCEBER A PRODUÇÃO EM MASSA DE CASAS", COMO ESCREVEU EM 1923, ANTENADO, ASSIM COMO SEUS COLEGAS DA BAUHAUS, NA IMPORTÂNCIA DA INDÚSTRIA NA NOVA ARQUITETURA QUE ESTAVA NASCENDO.

É DESSA ÉPOCA A SUA CÉLEBRE FRASE – LÓGICO QUE ELE TAMBÉM CRIOU UM SLOGAN – "A CASA É UMA MÁQUINA DE MORAR", REVELANDO EXPLICITAMENTE A FIXAÇÃO QUE OS MODERNOS TINHAM COM A MÁQUINA, A TECNOLOGIA E A VELOCIDADE.

ENTRE OS TRABALHOS DO PERÍODO, A MAISON DOMINO DE 1914 FOI UM MODELO BEM BÁSICO DESENVOLVIDO PARA PROJETOS RESIDENCIAIS POPULARES OU DE CLASSE MÉDIA, SEGUIDA PELO CONJUNTO DE RESIDÊNCIAS EM PESSAC DE 1925.

DEPOIS DE ALGUNS PEQUENOS TRABALHOS NA SUÍÇA E ATÉ UMA EXPOSIÇÃO DE SUAS PINTURAS NA FRANÇA, EM 1917 ELE SE FIXOU DEFINITIVAMENTE EM PARIS E COMEÇOU A PRODUZIR TEXTOS, PROJETOS, DESENHOS E PINTURAS.

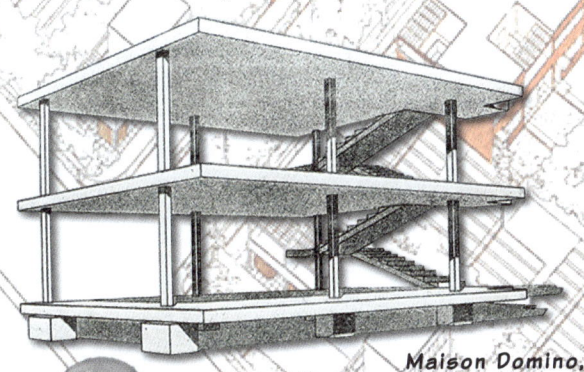

Maison Domino, 1914

A CASA DEVE SER BONITA E CONFORTÁVEL, MAS TAMBÉM LÓGICA, FUNCIONAL E EFICIENTE – PERFEITAMENTE APTA PARA ATENDER ÀS NECESSIDADES DOS OCUPANTES.

Le Corbusier

Desenho do bairro Cité Frugès em Pessac, 1925... um conjunto de umas 50 casas todas feitas a partir de uma viga padrão de concreto com 5 m de comprimento... É um dos 17 projetos tombados pela Unesco. Ver p. 139

957

EABERTURA DO
ANAL DE SUEZ APÓS
RISE NO EGITO

1958

FUNDAÇÃO DA
NASA, NOS EUA

1958

O SUBMARINO NUCLEAR AMERICANO **NAUTILUS**
É O 1º A ATRAVESSAR
O PÓLO NORTE

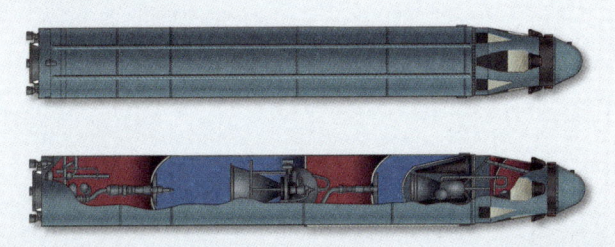

Primeira edição da L'esprit Nouveau, revista fundada por Le Corbusier em 1920

DEPOIS DE ALGUNS PEQUENOS TRABALHOS NA SUÍÇA E ATÉ UMA EXPOSIÇÃO DE SUAS PINTURAS NA FRANÇA, ELE SE FIXOU DEFINITIVAMENTE EM PARIS EM 1917. ELE COMEÇOU A PRODUZIR TEXTOS, PROJETOS, DESENHOS E PINTURAS; COM O PINTOR AMÉDÉE OZENFANT, CRIA O MOVIMENTO PURISTA NA PINTURA E FUNDA, EM 1920, UMA REVISTA DE ARTE E ARQUITETURA: L'ESPIRIT NOUVEAU, PASSANDO NESSA ÉPOCA A ASSINAR COMO LE CORBUSIER, FOCADO NA IDEIA DE SER UM GRANDE ARQUITETO.

Pavilhão L'esprit Nouveau de Le Corbusier para a Exposição Internacional de Artes Decorativas, Paris, 1925

COM PERRET, APRENDEU A EXPLORAR A EXPRESSIVIDADE E A PLASTICIDADE DO CONCRETO APARENTE QUE, POR MEIO DE SEUS PROJETOS, TRANSFORMOU-SE NO MATERIAL OFICIAL DA ARQUITETURA MODERNA. JÁ COM OS ALEMÃES, LE CORBUSIER SE APROXIMOU DO PROCESSO, DA RACIONALIDADE, DA TECNOLOGIA E DA RELAÇÃO ARTE X INDÚSTRIA X ARQUITETURA.

SEU "LIVRINHO" EM DIREÇÃO À NOVA ARQUITETURA, DE 1923, O MAIS AGUDO LIVRO DE ARQUITETURA DA ÉPOCA E ATÉ HOJE CONSIDERADO A BÍBLIA DOS MODERNISTAS, LARGAMENTE EXPLOROU ESTES TEMAS: HABITAÇÃO POPULAR, CONCRETO, RACIONALIZAÇÃO DA CONSTRUÇÃO E PRODUÇÃO INDUSTRIALIZADA. E AINDA TERMINA COM A FRASE "ARQUITETURA OU REVOLUÇÃO", QUE MOSTRA BEM A QUE ELE VEIO...

TOWARDS A NEW ARCHITECTURE
Le Corbusier

Em direção à nova arquitetura, Paris, 1923

1959

I BIENAL DE PARIS: ROBERT RAUSCHENBERG APRESENTA **TALISMAN**

1959

CRIADO POR UDERZO E GOSCINNY NA FRANÇA, PERSONAGEM **ASTERIX** APARECE PELA PRIMEIRA VEZ

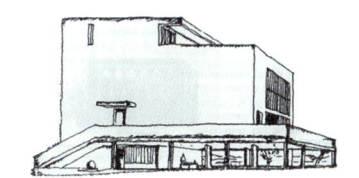

139

Versões da Maison Citrohan, de 1920 a 1922

QUASE TODA A SUA PRODUÇÃO DESSE PERÍODO, COMO O CONJUNTO DE RESIDÊNCIAS EM PESSAC, DE 1925, FOI CONCENTRADA EM ELABORAR CASAS-TIPO QUE, LIGEIRAMENTE MODIFICADAS, PODERIAM SER UTILIZADAS TANTO EM SOLUÇÕES HORIZONTAIS COMO EM EDIFÍCIOS, DE ACORDO COM O PROGRAMA DO PROJETO: VARIANTES QUE PODERÍAMOS CHAMAR DE UM VERDADEIRO EXERCÍCIO DE **ESPACIALIZAÇÃO DO ESPAÇO**... CAPISCE?

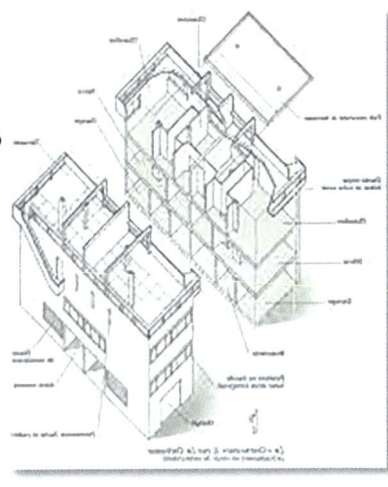

COMO GROPIUS, SUA CONCEPÇÃO ERA DIFERENTE DAS PROPOSTAS DA ÉPOCA PARA HABITAÇÃO, QUE PREGAM A REPETIÇÃO ILÓGICA E IRRESPONSÁVEL DA MESMA CASINHA MAL PROJETADA, NUMA PÉSSIMA SOLUÇÃO SOB O PONTO DE VISTA ARQUITETÔNICO, URBANÍSTICO E SOCIAL. LE CORBUSIER DEFENDIA O USO DE ELEMENTOS INDUSTRIALIZADOS QUE, APLICADOS DE DIVERSAS MANEIRAS, PRODUZIRIAM DIVERSAS "ARQUITETURAS".

Residências em Pessac, 1925

Villa Roche, 1923, onde hoje funciona a Fundação Le Corbusier

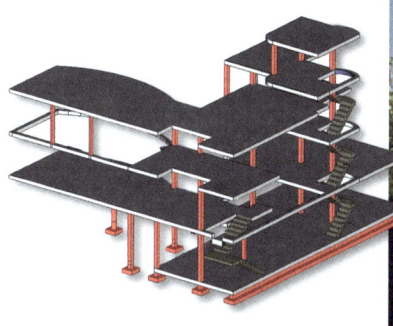

SUA ARQUITETURA ERA RACIONAL, SEUS VOLUMES, ORTOGONAIS; MAS MESMO ASSIM, MUITO SURPREENDENTE COMO ESPAÇO E BEM LONGE DO VIGENTE RACIONALISMO RACIONAL, SE É QUE VOCÊ ME ENTENDE. UM DOS PRIMEIROS GRANDES EXEMPLOS DISSO É A VILLA ROCHE, DE 1923.

E É IMPORTANTE ENFATIZAR QUE A HABITAÇÃO, A CASA DA NASCENTE SOCIEDADE INDUSTRIAL URBANA, FOI A MOLA PROPULSORA E A CATALIZADORA DOS ESFORÇOS DOS ARQUITETOS DO MOVIMENTO MODERNO NA EUROPA, ONDE TUDO COMEÇOU.

1959
REVOLUÇÃO CUBANA É LIDERADA POR FIDEL CASTRO

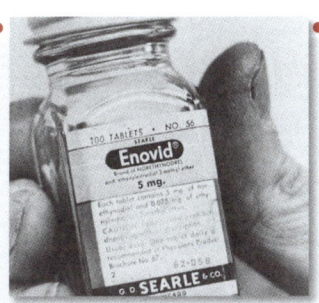

1960
A **PRIMEIRA PÍLULA ANTICONCEPCIONAL** CHEGA AO MERCADO, NOS EUA

1960
ALFRED HITCHCOCK DIRIGE **PSICOSE** NOS EUA

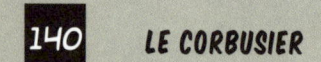

Casas 14 e 15, da Exposição de
Weissenhof, Alemanha, 1927

EM 1926 ELE CRIOU ALGUMAS REGRAS PARA PROJETOS DESSA NOVA ARQUITETURA. PEGOU UM POUCO DE TUDO QUE VIU, INVENTOU UM POUQUINHO MAIS E PUBLICOU O QUE JÁ VINHA PERSEGUINDO E COLETANDO DURANTE TODAS AS VIAGENS, OS ESTÁGIOS, OS PROJETOS E AS TEORIAS ANTERIORES, SUAS E DOS OUTROS, PRINCIPALMENTE DOS OUTROS – ESCOLA DE CHICAGO, PERRET, BAUHAUS –, O QUE SE CRISTALIZOU NOS 5 PONTOS DA NOVA ARQUITETURA:

PLANTA LIVRE

 EXPLORA OS CONCEITOS DA ESTRUTURA METÁLICA DA ESCOLA DE CHICAGO DE 40 ANOS ATRÁS E DE AUGUSTE PERRET DE 20 ANOS ATRÁS. A ESTRUTURA DE PILARES E VIGAS DE CONCRETO PERMITE QUE A PLANTA NÃO TENHA DE SER PENSADA USANDO AS PAREDES COMO ESTRUTURA, COMO SE FAZIA ATÉ ENTÃO. ISSO DEIXA OS ARRANJOS INTERNOS MAIS LIVRES, JÁ QUE AS PAREDES INTERNAS NÃO TÊM MAIS FUNÇÃO ESTRUTURAL.

FACHADA LIVRE

 TAMBÉM CONSEQUÊNCIA DA ESTRUTURA INDEPENDENTE DE PILARES, A FACHADA DEIXA DE SER ESTRUTURAL, MEIO COMO NA ESCOLA DE CHICAGO; ISSO IGUALMENTE RESULTA NA INDEPENDÊNCIA DA ESTRUTURA, COM OS PILARES PODENDO ATÉ FICAR RECUADOS. ASSIM, A FACHADA PODE SER PROJETADA SEM PILARES NAS BORDAS DO EDIFÍCIO, UTILIZANDO APENAS VIDROS OU ABERTURAS NAS FACHADAS.

PILOTIS

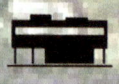 O EDIFÍCIO FICA ELEVADO DO SOLO, DEIXANDO O TÉRREO LIVRE PARA PEDESTRES, UM MÍNIMO DE SERVIÇOS E CIRCULAÇÃO; A CASA NÃO SE MISTURA COM A NATUREZA: ELA SE COLOCA E SE AFIRMA CLARAMENTE COMO UM OBJETO CRIADO PELO HOMEM ACIMA DO SOLO.

TERRAÇO JARDIM

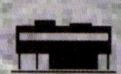 NO LUGAR DE TELHADOS, A COBERTURA DEVE SER FEITA COM LAJE PLANA DE CONCRETO, IMPERMEABILIZADA, ONDE JARDIM E ÁREA DE LAZER SÃO LOCALIZADOS PARA TENTAR RECUPERAR O ESPAÇO OCUPADO PELO TÉRREO DO EDIFÍCIO: TRANSFERE-SE PARA A COBERTURA A ÁREA VERDE/ JARDIM USADA PARA A CONSTRUÇÃO E/OU PROJEÇÃO DA CONSTRUÇÃO.

JANELAS HORIZONTAIS

 COMO CONSEQUÊNCIA DA FACHADA LIVRE, PASSA A SER POSSÍVEL PROJETAR GRANDES ABERTURAS HORIZONTAIS, COM VIDROS OU NÃO.

1960

EM HAVANA, ALBERTO KORDA TIRA A FOTO DE CHE GUEVARA **GUERRILLERO HEROICO**

1960

PRIMEIRA APARIÇÃO DOS FLINTSTONES NA TV DOS EUA

Maison Stein,
Garches, 1927

LE CORBUSIER JÁ VINHA EMPREGANDO DE MANEIRA MEIO DISPERSA ESSES PRINCÍPIOS NOS SEUS PROJETOS. EM 1927, NA CASA STEIN, ELE INCORPOROU PELA PRIMEIRA VEZ QUASE TODOS OS SEUS 5 PONTOS; MAS FOI EM 1929 QUE CONSTRUIU A SUA PRIMEIRA OBRA-PRIMA, A CASA SAVOYE, PERTINHO DE PARIS. É O SEU PRIMEIRO GRANDE CLÁSSICO DA ARQUITETURA MODERNA, PROJETO ATUALÍSSIMO MESMO PARA OS DIAS DE HOJE.

A PARTIR DAÍ, ESSES 5 PONTOS FORAM INCORPORADOS POR TODA A CENA MODERNA, PRIMEIRO NA EUROPA E DEPOIS NOS ESTADOS UNIDOS. COM O TEMPO, DEIXARAM DE SER EXCLUSIVIDADE DO LE CORBUSIER E PASSARAM A SER USADOS DE ACORDO COM A INTERPRETAÇÃO DE CADA ARQUITETO EM CASAS E EDIFÍCIOS RESIDENCIAIS E COMERCIAIS.

Maquete da Villa Savoye, Poissy, 1929

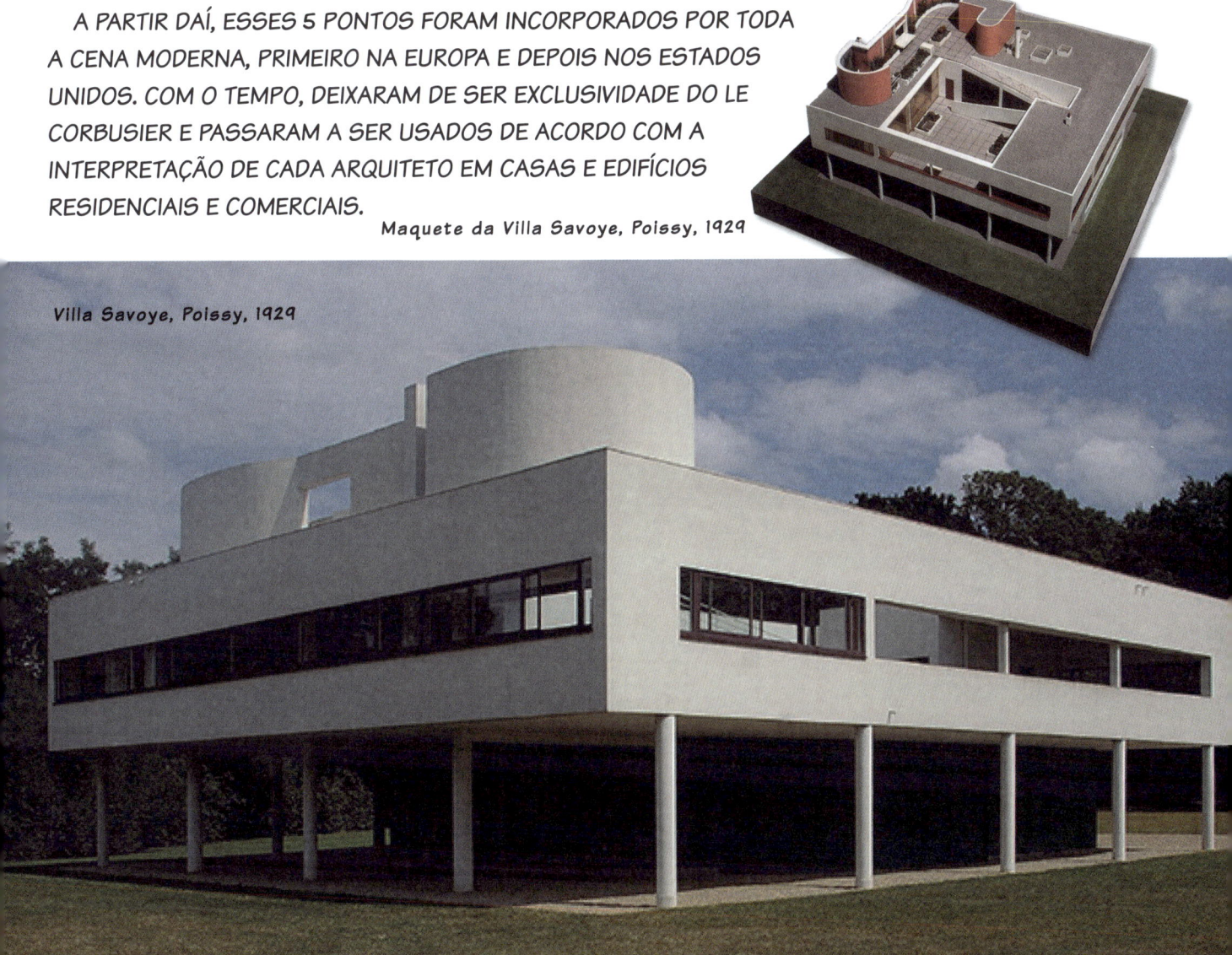

Villa Savoye, Poissy, 1929

1960

FORMAÇÃO DOS **BEATLES** NA INGLATERRA

1960

A **VACINA ORAL** CONTRA A POLIOMIELITE, DE ALBERT SABIN, É APROVADA PARA USO NOS EUA

1961

JOHN F. KENNEDY É ELEITO PRESIDENTE DOS EUA

OS PRINCIPAIS ARQUITETOS EUROPEUS DA ÉPOCA ESTAVAM BASTANTE ANTENADOS E MUITO DISCUTIRAM E CONSTRUÍRAM PENSANDO NA QUALIDADE ARQUITETÔNICA E NA VELOCIDADE DE CONSTRUÇÃO. VÁRIOS SÃO OS EXEMPLOS DESSE ESFORÇO, SENDO A JÁ CITADA EXPOSIÇÃO WEISSENHOF, EM 1927, O MELHOR MODELO PARA EXEMPLIFICAR TODAS AS IDEIAS DESSA ARQUITETURA JÁ MODERNA.

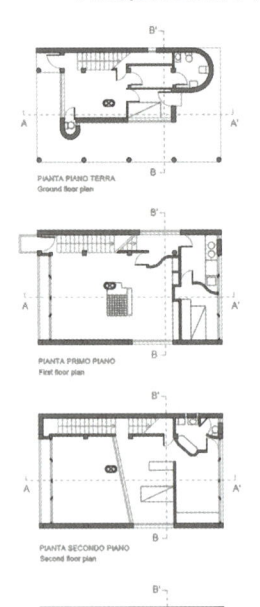

Casa 13 em Weissenhof, Sttutgart, 1927

Perspectiva das edificações, casas 13, 14 e 15, 1926

PARA ESSA EXPOSIÇÃO, LE CORBUSIER PRIVILEGIOU A ARQUITETURA, E WALTER GROPIUS A TECNOLOGIA, COM AQUELAS CASAS DE MONTAGEM A SECO. LE CORBUSIER CONSTRUIU MAIS UMA VARIAÇÃO DE SUAS CASINHAS CITROHAN MISTURADAS COM OS SEUS 5 PONTOS... FORAM OS MELHORES PROJETOS DA FEIRA: LINDOS E ATUALÍSSIMOS ATÉ HOJE.

Casas 14 e 15 em Weissenhof, Sttutgart, 1927

1961

INÍCIO DA CONSTRUÇÃO DO **MURO DE BERLIM**, NA ALEMANHA

1961

SURGEM AS PRIMEIRAS PINTURAS DE **ROY LICHTENSTEIN** NA LINGUAGEM DE HISTÓRIA EM QUADRINHOS

Croqui de Le Corbusier para o projeto do
Palácio Capanema, Rio de Janeiro, 1936

NOS ANOS 1930, COM A CRISE NA EUROPA E ÀS VÉSPERAS DA 2ª GUERRA MUNDIAL, LE CORBUSIER PASSOU MUITO DE SEU TEMPO TENTANDO EMPLACAR PROJETOS URBANÍSTICOS DE GRANDE ESCALA EM VÁRIAS PARTES DO MUNDO. COM ESSE OBJETIVO ESTEVE INCLUSIVE DUAS VEZES NO BRASIL, EM 1929 E 1936 – DEU UMA PASSADA TAMBÉM EM 1962, MAS ISSO JÁ É OUTRA HISTÓRIA... NA SUA VISITA DE 1936, AJUDOU A IMPLANTAR A ARQUITETURA MODERNA NO BRASIL AO PARTICIPAR ATIVAMENTE DO PROJETO DO MINISTÉRIO DA EDUCAÇÃO, HOJE PALÁCIO CAPANEMA, AO LADO DE OSCAR NIEMEYER, LÚCIO COSTA E OUTRAS FERAS DA ARQUITETURA BRASILEIRA. PILOTIS, JANELÕES, BRISES – PARA SE PROTEGER DO SOL – E JARDINS NO TETO NÃO FALTARAM...

Palácio Capanema,
Rio de Janeiro, 1936

Leopoldo Carlos Agorio, Le Corbusier, Joséphine Baker, Guillot Munhoz, Pepito Abatino no Navio S.S. Lutetia, que os trouxe para o Brasil em 1929

A SUA VIDA AMOROSA TAMBÉM FOI MUITO MOVIMENTADA. NA VERDADE, A SEXUAL; A AMOROSA ATÉ QUE FOI CALMA...

EM 1929, SOLTEIRO AINDA, LE CORBUSIER SE ENCANTOU COM A GRANDE DAMA DA MÚSICA E DANÇA AMERICANA JOSEPHINE BAKER (1906-1975), QUANDO ESTAVAM A BORDO DO NAVIO QUE O TROUXE AO RIO DE JANEIRO PELA PRIMEIRA VEZ. ELE FICOU TÃO EXTASIADO COM AS PERNAS DE BAKER QUE ATÉ ESCREVEU SOBRE ELAS E DESENHOU "NUDES" DA SUA IMAGINAÇÃO... PARECE QUE NÃO ROLOU NADA, MAS ELE ESTAVA ENGATINHANDO NESSA PRAIA...

1961 PRODUÇÃO DO **JAGUAR E-TYPE** NA INGLATERRA

Silence
John Cage
Lectures and Writings

1961 O COMPOSITOR JOHN CAGE PUBLICA NOS EUA O LIVRO **SILENCE**

DIFERENTEMENTE DE FRANK LLOYD WRIGHT, QUE TEVE MUITAS RELAÇÕES MONOGÂMICAS SUCESSIVAS, LE CORBUSIER TEVE UM SÓ CASAMENTO. ELE SE CASOU EM 1930 COM UMA DANÇARINA, YVONNE GALLIS (1892-1957), QUE POR SINAL TEVE MUITA PACIÊNCIA COM AS INÚMERAS E CONSTANTES PULADAS DE CERCA. O CASAMENTO DUROU ATÉ O FALECIMENTO DELA, EM PARIS. DURANTE TODO ESSE TEMPO, LE CORBUSIER FOI INTENSAMENTE APAIXONADO E EXTREMAMENTE INFIEL.

Yvonne Gallis, 1930, ano do seu casamento com Le Corbusier

SEGUNDO NICOLAS VERDAN (1971-), ESCRITOR SUÍÇO E AUTOR DE "SAGA LE CORBUSIER", ELE A TRAIU DEZENAS DE VEZES: TEVE UM MONTE DE CASOS AMOROSOS COM NAMORADAS, FICANTES, PROSTITUTAS, ARTISTAS, ARQUITETAS... EM NOVA YORK, TEVE UM LONGO CASO COM A ESCRITORA E HERDEIRA SUECO-AMERICANA MARGUERITE TJADER HARRIS (1901-1986).

O CARA ERA TÃO, MAS TÃO CHEGADO NO ASSUNTO, QUE SUAS HISTÓRIAS VIRARAM ENREDO PARA UM MONÓLOGO EM LONDRES, O LE CORBUSIER'S WOMEN, ESCRITO E ESTRELADO PELO ARQUITETO, JORNALISTA E CRÍTICO DE ARQUITETURA CHARLES KNEVITT (1952-2016). ELE SE ESPECIALIZOU TANTO NESSA PARTE DA VIDA DO LE CORBUSIER QUE DEPOIS DO MONÓLOGO TAMBÉM CRIOU UM MUSICAL: LES FEMMES DE LE CORBUSIER. DEMAIS, NÉ NÃO?

Cartaz de "Le Corbusier et les femmes"

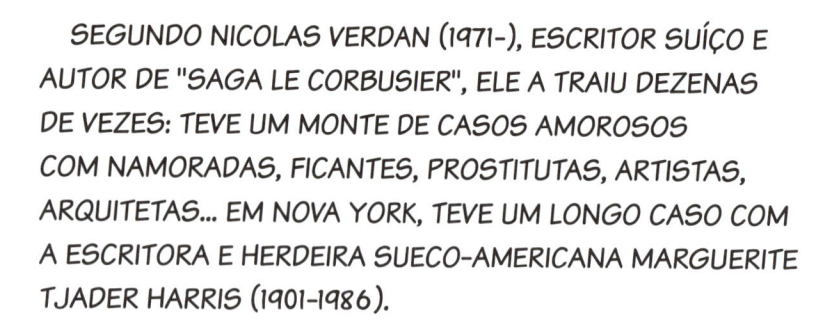

Le Corbusier e Yvonne Gallis, Le Piquey, França, 1930

1962

ACORDOS DE ÉVIAN: INDEPENDÊNCIA DA ARGÉLIA DO DOMÍNIO FRANCÊS

1962

ESTREIA NA INGLATERRA A **MINISSAIA**, CRIAÇÃO ATRIBUÍDA A MARY QUANT

Modulor "concretado" na fachada da
Unidade de Habitação de Marselha, 1946

NOS ANOS 1930 E 1940, ÉPOCA DE GRANDE CRISE
ECONÔMICA E PRÉ-2ª GUERRA MUNDIAL, LE CORBU, NA
AUSÊNCIA DE GRANDES PROJETOS DE ARQUITETURA,
DEDICOU-SE A DIVERSOS ESTUDOS URBANÍSTICOS E
HABITACIONAIS. FOI QUANDO DESENVOLVEU AS SUAS
PESQUISAS ERGONÔMICAS – AS DIMENSÕES DO
ESPAÇO EM SINTONIA COM O CORPO HUMANO – EM
TORNO DO "MODULOR", UM ESTUDO DE
MEDIDAS E PROPORÇÕES PARA QUE A
ARQUITETURA SEMPRE TIVESSE UMA
RELAÇÃO DE CONFORTO E SEGURANÇA
COM O SER HUMANO. MAIS TARDE, EM 1945
E 1954, LANÇOU 2 LIVRINHOS COM SUAS
CONCLUSÕES.

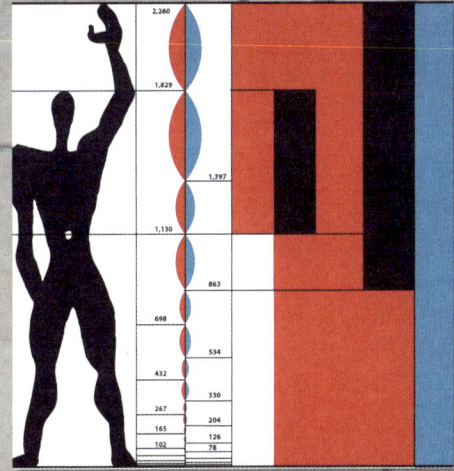

O MODULOR É UM LEQUE
DE DIMENSÕES QUE
TORNA O FAZER ERRADO
DIFÍCIL E O FAZER
CERTO FÁCIL.

Moeda de 5 francos
comemorativa de 40 anos
do modulor, 1987

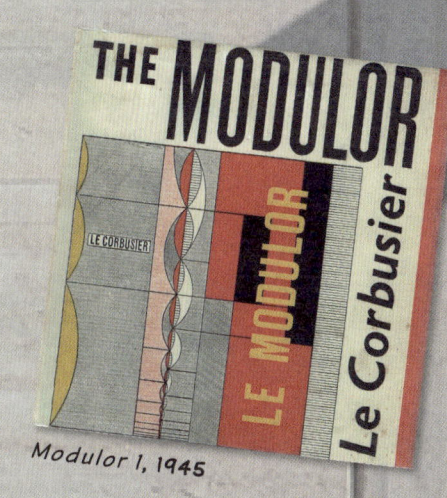

Modulor 1, 1945

Le Corbusier e Albert Einstein em 1946

○
1962

INÍCIO DA **POP
ART**: ANDY WARHOL
EXPÕE 32 QUADROS
DA LATA DE SOPA
CAMPBELL
EM LOS ANGELES

○
1962

ESTREIA NO REINO
UNIDO DE **DR. NO**,
O PRIMEIRO FILME
DE JAMES BOND, COM
SEAN CONNERY

TAMANHA ERA A FEBRE EM TORNO DESSA ARQUITETURA QUE UM EVENTO FOI CRIADO EM 1928 MEIO QUE OFICIALIZANDO O INÍCIO DA ARQUITETURA MODERNA. COM LE CORBUSIER COMO UM DOS SEUS PRINCIPAIS ORGANIZADORES, OS MODERNOS CRIARAM, NA SUÍÇA, O PRIMEIRO – DE MUITOS, JÁ QUE O ÚLTIMO FOI OCORRER NA FRANÇA EM 1959 – CONGRESSO INTERNACIONAL DE ARQUITETURA MODERNA, O CIAM, ONDE FORAM DISCUTIDOS OS RUMOS DESSA NOVA ARQUITETURA QUE NA ÉPOCA JÁ ESTAVA COMPLETAMENTE ESTABELECIDA E SE ESPALHAVA PELO MUNDO INTEIRO.

Cartaz do CIAM IV, Atenas, 1933

Foto oficial da fundação do CIAM, 1928, La Sarraz, Suíça. Da esquerda para a direita, na fileira superior: Mart Stam, Max Haefeli, Rudolf Steiger, Paul Artaria, Friedrich Gubler; fileira do meio: R. Dupierreux, Pierre Chareau, Victor Bourgeois, Ernst May, Alberto Sartoris (atrás de Gabriel Guévrékian), Hans Schmidt, Hugo Häring, J. de Zavala, Le Corbusier, P. Rochat, Henri von der Mühll, Huib Hoste, Sigfried Giedion, Werner Moser, Josef Frank; terceira fileira: Pierre Jeanneret (mão no bolso), Gerrit Rietveld, Gabriel Guévrékian, Lucienne Florentin, Hélène de Mandrot, André Lurçat (mão no bolso), Gino Maggioni; sentados: Fernando Mercadal, Molly Weber, C. Tadevossian

A Carta de Atenas é um manifesto urbanístico escrito por Le Corbusier resultante do CIAM IV, realizado em Atenas, em 1933

1963

MARTIN LUTHER KING JR. FAZ EM WASHINGTON O SEU FAMOSO DISCURSO **EU TENHO UM SONHO**

1963

O PRESIDENTE **JOHN F. KENNEDY** É ASSASSINADO NO TEXAS, EUA

Citroën 2CV, França, 1948
Design de André Lefèbvre e Flaminio Bertoni

Em 1936, na total falta do que fazer, Le Corbusier e seu primo, Pierre Jeanneret, projetaram um "carro minimalista para funcionalidade máxima", que, diz ele, serviu de base para o Citroën 2CV...

AINDA DURANTE A CRISE PRÉ-SEGUNDA GRANDE GUERRA, LE CORBUSIER SE OFERECEU PARA TRABALHAR PARA OS ALEMÃES NA FRANÇA OCUPADA. 2 LIVROS PUBLICADOS EM 2015, 50 ANOS DEPOIS DE SUA MORTE – *LE CORBUSIER, UM FASCISTA FRANCÊS*, DE XAVIER DE JARCY, E UM *CORBUSIER*, DO ARQUITETO FRANÇOIS CHASLIN –, APONTAM COM INÚMEROS FATOS E PROVAS QUE NOS ANOS 1930 LE CORBUSIER FOI SE JUNTAR AOS FASCISTAS E NAZISTAS DE PLANTÃO ASSIM QUE PÔDE. MAIS TARDE, ELE SE APROXIMOU DO GOVERNO COLABORACIONISTA DE VICHY, TENTOU SE RELACIONAR COM STALIN, MUSSOLINI E ATÉ HITLER E FOI EM TODAS AS MANIFESTAÇÕES ANTISSEMITAS QUE CONSEGUIU.

QUANDO OS ALEMÃES SE INSTALARAM EM VICHY, "CAPITAL" DA FRANÇA OCUPADA EM 1940, ELE SE APRESSOU EM OFERECER SEUS SERVIÇOS DE PROJETO – CHEGOU A TER UM ESCRITÓRIO POR UM ANO E MEIO EM VICHY – E A SAUDAR O GRANDE GENOCIDA: EM UMA CARTA PARA A MÃE, ESCREVEU QUE HITLER "PODERÁ COROAR SUA VIDA COM UMA OBRA GRANDIOSA: O ORDENAMENTO DA EUROPA". ESFORÇANDO-SE ASSIM, ELE FOI VERGONHOSAMENTE EMPOSSADO COMO CONSELHEIRO DE URBANISMO DO GOVERNO COLABORACIONISTA. MESMO ASSIM, APÓS O FIM DA 2ª GUERRA MUNDIAL, LE CORBUSIER CONSEGUIU ESCONDER O SEU PASSADO TENEBROSO E VOLTOU A SER RESPEITADO NA CENA CULTURAL FRANCESA E INTERNACIONAL.

Maquete de estudo para as Unidades de Habitação, 1946

1963

FERRUCCIO LAMBORGHINI, FABRICANTE DE TRATORES, FUNDA A **LAMBORGHINI** NA ITÁLIA

1964

O FILÓSOFO FRANCÊS **JEAN-PAUL SARTRE** RECUSA O PRÊMIO NOBEL DE LITERATURA

Diagrama dos tipos de apartamentos, Marselha, 1946

TANTO É QUE LOGO EM SEGUIDA, EM 1946, ELE PROJETOU A UNIDADE DE HABITAÇÃO DE MARSELHA, UM DOS PRÉDIOS MAIS EMBLEMÁTICOS DA ARQUITETURA MODERNA E QUE MARCA O COROAMENTO DE SUAS PESQUISAS PRÁTICAS E TEÓRICAS NO CAMPO DA ARQUITETURA, DA TECNOLOGIA E DA ERGONOMIA UTILIZANDO ELEMENTOS DE CONCRETO PRÉ-FABRICADOS.

A REPRESENTAÇÃO MAIS CLARA DESSE PENSAMENTO É A SUA MAISON CITROHAN DE UNS 25 ANOS ANTES E TODAS AS SUAS VARIÁVEIS: REARRANJADA EM 1946 PARA ESSE PROJETO, CULMINOU NA OBRA-PRIMA DA HISTÓRIA DA ARQUITETURA MODERNA E PROVAVELMENTE O MAIOR ÍCONE DA FUNDAÇÃO DESSE MOVIMENTO, CATALIZADOR DAS PRINCIPAIS TEORIAS REFERENTES À ARQUITETURA MODERNA.

Unidade de Habitação,
Marselha, 1946

ELA POSSUI 337 APARTAMENTOS DISTRIBUÍDOS EM 23 TIPOS, VARIANDO DE HABITAÇÕES COM 1 QUARTO ATÉ UNIDADES PARA FAMÍLIAS COM 8 FILHOS. TODOS ACOMODADOS SOB A MESMA UNIDADE BÁSICA QUE SEGUIA O CONCEITO ESPACIAL DA MAISON CITROHAN E SUAS VARIANTES DOS ANOS 1920. DESSES CONCEITOS SURGIU A SUA FORTE EXPRESSÃO ARQUITETÔNICA.

A UNIDADE DE MARSELHA É A CRISTALIZAÇÃO DE TODAS ESSAS DÉCADAS DE PESQUISA DE LE CORBUSIER COM FOCO NA REPETIÇÃO DE COMPONENTES USADOS DE MANEIRAS DISTINTAS E NA ADOÇÃO DO MODULOR COMO FERRAMENTA BÁSICA DE DIMENSIONAMENTO E PROJETO...

1964

RANGER 7 É A PRIMEIRA SONDA ESPACIAL ENVIADA PELA NASA A OBTER FOTOS DA SUPERFÍCIE DA LUA

1965

ABERTURA DO **TÚNEL MONT BLANC**, ENTRE A FRANÇA E A ITÁLIA

Le Corbusier na capa da Revista Time, 1961

LE CORBUSIER MORREU DE ATAQUE CARDÍACO EM 1965, AOS 77 ANOS, ENQUANTO NADAVA NO MAR MEDITERRÂNEO, NUMA PRAINHA SITUADA NA CÔTE D'AZUR, NO SUL DA FRANÇA. FOI ENTERRADO NO TÚMULO QUE HAVIA PROJETADO 8 ANOS ANTES, QUANDO DO FALECIMENTO DE YVONNE.

A PARTIR DA UNIDADE DE MARSELHA – QUE SE TORNOU UM DOS PRÉDIOS MAIS VISITADOS DE SUA ÉPOCA, SE NÃO O MAIS – E COM O FIM DA SEGUNDA GUERRA, A HISTÓRIA DA ARQUITETURA SE RAMIFICA, ABRINDO VÁRIOS LEQUES DE CORRENTES E TENDÊNCIAS. MAS AS PRINCIPAIS IDEIAS DO MOVIMENTO MODERNO PERMANECEM ATÉ HOJE. VOLTANDO AO QUE DISSE O FILÓSOFO ALEMÃO J. HABERMAS NOS ANOS 1980, "O MOVIMENTO MODERNO É AINDA UM PROJETO INACABADO".

Pavilhão Le Corbusier, Zurique, 1963

Capela Notre-Dame-du-Haut, Ronchamp, 1950

ENFIM: A MAIORIA DOS HISTORIADORES CONSIDERA ESSA GELEIA CULTURAL E ARQUITETÔNICA DAS DÉCADAS DE 1910, 1920 E INÍCIO DOS 1930, COM OS TRABALHOS DE WALTER GROPIUS E MIES VAN DER ROHE NA ALEMANHA E DEPOIS

Nota de 10 francos suíços em homenagem a Le Corbusier, 1995

Le Corbusier

NOS ESTADOS UNIDOS, LE CORBUSIER NA FRANÇA E FRANK LLOYD WRIGHT NOS ESTADOS UNIDOS – TUDO ISSO JUNTO E MISTURADO, ACONTECENDO MAIS OU MENOS NA MESMA ÉPOCA –, COMO O GRANDE MARCO, MEIO QUE "OFICIAL", DO INÍCIO DA ARQUITETURA MODERNA.

1965

A NOVIÇA REBELDE ESTREIA NOS EUA, DIRIGIDO POR ROBERT WISE

1965

ASSASSINATO DO ATIVISTA **MALCOLM X**, NOS EUA

Ao fundo: detalhe da planta o Edifício Carson, Pirie & Scott (ver p. 58), do Louis Sulliva, Chicago, Estados Unidos, 1899

GELEIA

VAMOS RESUMIR UM POUCO ESSES ACONTECIMENTOS PARA RELEMBRAR QUANDO SURGIU A ARQUITETURA MODERNA? SEGUNDO A OPINIÃO DE DIVERSOS HISTORIADORES, ELA COMEÇOU COM:

A REVOLUÇÃO INDUSTRIAL, INICIALMENTE NA INGLATERRA E DEPOIS EM QUASE TODA A EUROPA, PORQUE MUDOU O SISTEMA DE PRODUÇÃO DA SOCIEDADE E A TRANSFORMOU DE VEZ EM URBANA E INDUSTRIAL, JÁ NO INÍCIO DO SÉCULO 19.

A CONSTRUÇÃO DO PALÁCIO DE CRISTAL EM LONDRES, EM 1851: O PRIMEIRO MARCO REVOLUCIONÁRIO DO PENSAMENTO INDUSTRIAL APLICADO NA ARQUITETURA E CONSTRUÇÃO.

A ESCOLA DE CHICAGO, NO FINAL DO SÉCULO 19, QUE IMPLANTOU O MODERNO EDIFÍCIO EM ALTURA COM ESTRUTURA INDEPENDENTE DAS PAREDES, COMO CONHECEMOS HOJE, E GEROU O SLOGAN "FORMA SEGUE FUNÇÃO", DO MESTRE LOUIS SULLIVAN.

ARQUITETÔNICA

A NOVA MENTALIDADE UNINDO INDÚSTRIA, TECNOLOGIA E DESIGN, REPRESENTADA PELA VANGUARDA DOS WERKBUNDS, PRINCIPALMENTE NA ALEMANHA, E AS FÁBRICAS FAGUS (1911) E MODELO (1914) DE WALTER GROPIUS, QUE INCORPORARAM TODAS AS CONQUISTAS TÉCNICAS, TEÓRICAS E ARQUITETÔNICAS E, SEGUNDO NIKOLAUS PEVSNER, "REPRESENTAM O NOVO ESTILO, O GENUÍNO E LEGÍTIMO ESTILO DO NOSSO SÉCULO".

OS DIVERSOS MOVIMENTOS CULTURAIS E ARQUITETÔNICOS QUE ACONTECERAM NA MESMA ÉPOCA DA FORMAÇÃO DA ARQUITETURA MODERNA CONTRIBUÍRAM MUITO PARA AS RUPTURAS COM OS ESTILOS HISTORICISTAS DO PASSADO, E ASSIM A CRIAÇÃO DE UMA NOVA ARQUITETURA: A MODERNA.

A BAUHAUS, EM 1919, NA ALEMANHA, UNINDO ARTE, TECNOLOGIA, DESIGN E ARQUITETURA – TUDO JUNTO E HARMONICAMENTE COMBINADO.

MAS A MAIORIA CONSIDERA QUE OS GRANDES MARCOS DESSE MOVIMENTO FORAM, NAS PRIMEIRAS 3 DÉCADAS DO SÉCULO 20, OS TRABALHOS DE WALTER GROPIUS E MIES VAN DER ROHE NA ALEMANHA, LE CORBUSIER NA FRANÇA E FRANK LLOYD WRIGHT NOS ESTADOS UNIDOS. FOI ONDE TUDO ISSO QUE VIMOS SE JUNTOU EM TERMOS DE ESPAÇO E TECNOLOGIA PARA CRIAR "OFICIALMENTE" A **ARQUITETURA MODERNA**.

ILUSTRAÇÕES DO MIOLO

P. 1: (abaixo, 1ª da esquerda para direita) FOTOARENA.

(abaixo, 2ª da esquerda para direita) SHUTTERSTOCK.

(abaixo, 3ª da esquerda para direita) © MIES VAN DER ROHE, LUDWIG/ AUTVIS, BRASIL, 2022.

(abaixo, 4ª da esquerda para direita) © WRIGHT, FRANK LLOYD/ AUTVIS, BRASIL, 2022. PHOTOPAT/ALAMY/FOTOARENA CRÉDITO: PHOTOPAT/ ALAMY/ FOTOARENA / ALAMY / FOTOARENA.

(abaixo, 5ª da esquerda para direita) © F.L.C/ AUTVIS, BRASIL, 2022.

P. 5: FOTO FORNECIDA PELO AUTOR DA APRESENTAÇÃO - SR. GUTO LACAZ.

P. 6 e 7: FOTO FORNECIDA PELO AUTOR DA INTRODUÇÃO - SR. CARLOS AUGUSTO FAGGIN.

P. 8: (esquerda) MARSEILLE (FRANKREICH), CITÉ RADIEUSE (UNITÉ D'HABITATION - WOHNEINHEIT), (WOHNHAUS, ERBAUT 1947-1952, ARCH.: LE CORBUSIER). - TEILANSICHT: RELIEF DES MODULOR (HÖHE: 775 CM). FOTO, UNDATIERT / MICHAEL DANT AUTVIS, BRASIL, 2022. / FOTOARENA.

(abaixo à direita) SEM INFORMAÇÃO DE ACERVO ONDE ESTÁ A OBRA / DOMÍNIO PÚBLICO.

P. 9: (centro) © F.L.C/ AUTVIS, BRASIL, 2022.

(abaixo à esquerda) GALLERIE DELL'ACCADEMIA.

(abaixo ao centro) BAVARIAN STATE LIBRARY.

(abaixo ao centro) WELLCOME LIBRARY, STANFOD UNIVERSITY, LONDRES.

(abaixo à direita) JOOP VAN BILSEN/ ANEFO/ NATIONAAL ARCHIEF.

P. 10: (acima à esquerda) RENATA BRUNI.

(abaixo, 1ª da esquerda para direita) ROBERTO RONDINO.

(abaixo, 2ª da esquerda para direita) ROBERTO RONDINO.

(abaixo, 9ª da esquerda para direita) ROBERTO RONDINO.

(abaixo, 4ª da esquerda para direita) ROBERTO RONDINO.

P. 11: ILUSTRAÇÃO RENATA BRUNI

(Philip Johnson) BERNARD GOTFRYD/EVERETT COLLECTION/FOTOARENA.

(Louis Sullivan) PHOTOGRAPHIC PORTRAIT OF ARCHITECT LOUIS SULLIVAN, CIRCA 1895 / DOMÍNIO PÚBLICO – DISPONÍVEL EM: <HTTPS:// EN.WIKIPEDIA.ORG/WIKI/FILE:LOUIS_SULLIVAN_CIRCA_1895.JPG> (ACESSO EM: 20/06/23)

(Goethe) PUBLICADO POR G. GROTE'SCHE VERLAGSBUCHHANGLUNG

(Niemeyer) INSTITUTO NIEMEYER/DIVULGAÇÃO/ © NIEMEYER, OSCAR/ AUTVIS, BRASIL, 2022.

(Blake) ROBERTO RONDINO.

(Loos) ADOLF LOOS, SEM IDENTIFICAÇÃO DE FOTÓGRAFO, DATA E LOCAL / DOMÍNIO PÚBLICO.

(Rogers) UDO HESSE/AKG-IMAGES/ALBUM / ALBUM / FOTOARENA.

(Venturi) GEORGE POHL/ ARCHITECTURAL ARCHIVES, UNIVERSITY OF PENNSYLVANIA.

(Wright) ROBERTO RONDINO.

(Rohe) DOMÍNIO PÚBLICO – DISPONÍVEL EM: <HTTPS://COMMONS.WIKIMEDIA.ORG/WIKI/FILE:HUGO_ERFURTH_-_PORTRAIT_LUDWIG_MIES_ VAN_DER_ROHE,_1934.JPG?USELANG=PT#LICENCIAMENTO>

(Gehry) ERIK CARTER/THE NEW YORK TIMES/FOTOARENA.

(Perret) HERVÉ LEWANDOWSKI/ © RMN (MUSÉE D'ORSAY).

(Rocha) ROBERTO RONDINO.

(Eisenman) ROBERTO RONDINO.

(Hadid) ROBERTO RONDINO.

P. 12: (centro à direita) MARCELO ANDRADE/ GAZETA DO POVO.

(abaixo à esquerda) SHUTTERSTOCK.

(abaixo à esquerda) CIETE SILVÉRIO/ CDHU.

(abaixo à direita) ACERVO DO AUTOR.

P. 13: (acima à esquerda) KIEV.VICTOR/SHUTTERSTOCK.

(abaixo ao centro) SHUTTERSTOCK.

P. 14: (centro) © F.L.C/ AUTVIS, Brasil, 2024.

(abaixo à direita) © FLC/ ADAGP/ FONDATION LE CORBUSIER.

P.15: (acima à direita) JÜRGEN HABERMAS, PHILOSOPHER AND SOCIOLOGIST, BORN IN DÜSSELDORF 18.6.1929. PHOTO, BERLIN, 5.6.1998. COPYRIGHT: FOR EDITORIAL USE ONLY / FOTOARENA.

(abaixo à esquerda) RENATA BRUNI.

P. 16: (ícone) RENATA BRUNI.

ÍNDICE

(1ª de cima para baixo) SHUTTERSTOCK.

(2ª de cima para baixo) DOMÍNIO PÚBLICO.

(3ª de cima para baixo) DOMÍNIO PÚBLICO.

(4ª de cima para baixo) DOMÍNIO PÚBLICO.

(5ª de cima para baixo) DOMÍNIO PÚBLICO.

(6ª de cima para baixo) NEFTALI/SHUTTERSTOCK.

P. 17: (1ª de cima para baixo) © GROPIUS, WALTER/ AUTVIS, BRASIL, 2022.

(2ª de cima para baixo) WANTANDDO/SHUTTERSTOCK.

(3ª de cima para baixo) © WRIGHT, FRANK LLOYD/ AUTVIS, BRASIL, 2022.

(4ª de cima para baixo) PRACHAYA ROEKDEETHAWEESAB / FOTOARENA.

(5ª de cima para baixo) MoMA.

P. 18: SCIENCE MUSEUM, LONDRES - ARTISTA: PHILIPPE JACQUES DE LOUTHERBOURG (FRANCÊS, ESTRASBURGO 1740–1812 LONDRES).

P. 19: SEM INFORMAÇÃO DE ACERVO ONDE ESTÁ A OBRA / DOMÍNIO PÚBLICO.

P. 20: (centro) ALAMY / FOTOARENA.

P. 21: (acima à direita) HAUT FOURNEAU, SEM INFORMAÇÃO SOBRE DATA E LOCAL / DOMÍNIO PÚBLICO – DISPONÍVEL EM: <HTTPS:// COMMONS.WIKIMEDIA.ORG/WIKI/FILE:HAUT_FOURNEAU.PNG#FILEHISTORY>

(à direita no centro) ABRAHAM DARBY, SEM INFORMAÇÕES SOBRE ARTISTA, DATA E LOCAL / DOMÍNIO PÚBLICO – DISPONÍVEL EM: <HTTPS://EN.WIKIPEDIA.ORG/WIKI/ABRAHAM_DARBY_I>

(ao fundo) THE NATIONAL LIBRARY OF WALES/ BY PERMISSION OF LLYFRGELL GENEDLAETHOL CYMRU

P. 22: (ao fundo) © THE IRONBRIDGE GORGE AND MUSEUMS TRUST.

(abaixo à esquerda) © THE IRONBRIDGE GORGE AND MUSEUMS TRUST.

P. 23: (acima) THE CAST IRON BRIDGE NEAR COALBROOKDALE, BY WILLIAM WILLIAMS (1727-1791), 1780. OIL ON CANVAS, 88.6 CM X 103.3 CM. © THE IRONBRIDGE GORGE AND MUSEUMS TRUST.

(centro à direita) DETAIL HERITAGE/ ALAMY/ FOTOARENA / ALAMY / FOTOARENA.

(abaixo ao centro) DANTHEPHOTOMAN/ ATLAS OBSCURA / DUNROBIN STUDIOS/ALAMY/FOTOARENA.

(abaixo à esquerda) QUAKER TAPESTRY.

P. 24: (centro à direita) IRON AND COAL, BY WILLIAM BELL SCOTT, C.1855-60. OIL ON CANVAS, NATIONAL TRUST, WALLINGTON, NORTHUMBERLAND. / DOMÍNIO PÚBLICO.

(centro à esquerda) DOMÍNIO PÚBLICO - DISPONÍVEL EM: <HTTPS://COMMONS.WIKIMEDIA.ORG/WIKI/FILE:BARROW_STEELWORKS.JPG> (ACESSO EM 13/06/23)

P. 25: (acima à direita) SUNDERLAND PUBLIC LIBRARIES.

(centro à esquerda) STRUCTURAE.

(abaixo ao fundo) GUSTAVE LE GRAY / DOMÍNIO PÚBLICO – DISPONÍVEL EM: <HTTPS://PT.WIKIPEDIA.ORG/WIKI/PONT_DES_ARTS#/MEDIA/ FICHEIRO:VIEW_OF_THE_SEINE,_PARIS_1857.JPG>

P. 26: (acima à direita) PHOTOS.COM/THINKSTOCK/ ENCICLOPAEDIA BRITANNICA.

(acima à esquerda) WOODEN ATTIC OF FACTORY IN BOLTON, ENGLAND C. 1800. REPRODUZIDA NO LIVRO SPACE, TIME AND ARCHITECTURE. THE GROWTH OF A NEW TRADITION, FIFTH REVISED AND ENLARGED EDITION BY SIGFRIED GIEDION. HARVARD UNIVERSITY PRESS, 1941 (FIRST EDITION)

(abaixo à direita) NATIONAL ARCHIVES, WASHINGTON.

P. 27: (acima à esquerda) OVER LONDON BY RAIL BY GUSTAVE DORÉ C.1870. A PILGRIMAGE (1872).

(centro à direita) Main Street, Gorbals, Olhando para o Norte / WIKIPEDIA COMMONS CCO

(abaixo à direita) LONDON METROPOLITAN ARCHIVES / ALAMY / FOTOARENA

(abaixo à esquerda) GEORGE MACAULAY TREVELYAN BY BERESFORD / WIKIPEDIA COMMONS CCO

P. 28: (acima à direita) THE NEW YORK PUBLIC LIBRARY.

(abaixo à esquerda) DIAGRAMA DA MÁQUINA A VAPOR INVENTADA POR JAMES WATT / DOMÍNIO

P. 29: (acima à esquerda) SMITHSONIAN LIBRARY / DOMÍNIO PÚBLICO

(acima à direita) © THE BRITISH LIBRARY BOARD. / WIKIPEDIA COMMONS CCO / DOMÍNIO PÚBLICO

(centro) TEAR A VAPOR, 1785 / ALAMY / FOTOARENA

(abaixo à esquerda) MARY EVANS PICTURE LIBRARY / ALAMY / FOTOARENA

P. 30: (acima à direita) BIBLIOTECA DO CONGRESSO DOS ESTADOS UNIDOS / ALAMY /FOTOARENA.

(centro) THE UNIVERSITY OF TEXAS AT AUSTIN/ LIBRARY.

(abaixo) STOCKTON AND DARLINGTON RAILWAY / DOMÍNIO PÚBLICO / WIKIPEDIA COMMONS CCO

P. 31: (acima à direita) STOCKTON AND DARLINGTON RAILWAALAMY / FOTOARENA

(abaixo à esquerda) ENTRANCE TO THE TUNNEL AND BOOKING OFFICES NEW STATION LIME STREET LIVERPOOL 1836 / ALAMY / FOTOARENA.

(abaixo à direita) UNITED KINGDOM - CIRCA 1980 / SHUTTERSTOCK.

P. 32: (1ª da esquerda para direita) CATÁLOGO WALTER MACFARLANE & CO. GLASGOW, 1884. PÁGINA 19 / DOMÍNIO PÚBLICO.

(2ª da esquerda para direita) PUBLICIDADE DE 1888 DE WALTER MACFARLANE & CO., GLASGOW / DOMÍNIO PÚBLICO

P. 33: (ícone) THENOUNPROJECT.COM.

(fundo) BIBLIOTECA DO CONGRESSO DOS ESTADOS UNIDOS.

P. 34: (centro) UNIVERSITY OF BIRMINGHAM.

(centro à direita) CCI ARCHIVES/ SCIENCE PHOTO LIBRARY.

(centro à esquerda) BIRMINGHAM NEW STREET STATION IN 1854. FROM THE ILLUSTRATED LONDON NEWS 3 JUNE 1854 / DOMÍNIO PÚBLICO

(abaixo) PHOTO BY ADELPHILOS, 11 OCTOBER, 2017 / DOMÍNIO PÚBLICO / WIKIPEDIA COMMONS CCO

P. 35: (fundo) THE LIBRARY OF CONGRESS.

(abaixo à direita) MERCADO CENTRAL, PARIS, FRANÇA. INTERIOR / DOMÍNIO PÚBLICO / WIKIPEDIA COMMONS CCO

P. 36: CRISTAL PALACE / ERICH LESSING / ALBUM / ALBUM / FOTOARENA.

P. 37: (acima) THE GREAT CONSERVATORY AT CHATSWORTH IN A 19TH CENTURY / SEM INFORMAÇÃO DE ACERVO ONDE ESTÁ A OBRA / DOMÍNIO PÚBLICO / WIKIPEDIA COMMONS CCO

(abaixo) © COPYRIGHT DAVID HALE/ MAPCO 2006-2013 / DOMÍNIO PÚBLICO

P. 38: (ícone) THENOUNPROJECT.COM.

(centro) © VICTORIA AND ALBERT MUSEUM, LONDRES.

P. 39: (esquerda) THE INTERNET ARCHIVE / PEQUENO TRECHO /DOMÍNIO PÚBLICO

(direita) THE INTERNET ARCHIVE / ALAMY / FOTOARENA

P. 40: (ícone) THENOUNPROJECT.COM. / PALÁCIO DE CRISTAL

(centro) ARCHDAILY

(centro) ARCHDAILY

(abaixo, dupla) THE INTERNET ARCHIVE / DOMÍNIO PÚBLICO

(abaixo à esquerda) RENATA BRUNI.

P. 41: (acima, centro) THE INTERNET ARCHIVE / LONDON'S CRYSTAL PALACE BY JOSEPH PAXTON, 1851 / DOMÍNIO PÚBLICO / WIKIPEDIA COMMONS CCO

(centro) PLANTA FORMA EM RETÂNGULO / DOMÍNIO PÚBLICO / WIKIPEDIA COMMONS CCO

P. 40/41: (dupla inferior) THE INTERNET ARCHIVE / DOMÍNIO PÚBLICO / WIKIPEDIA COMMONS CCO

P. 42: (ícone) THENOUNPROJECT.COM

(acima à direita) THE INTERNET ARCHIVE.

(abaixo à esquerda) THE INTERNET ARCHIVE.

(abaixo à direita) RENATA BRUNI.

P. 43: (esquerda) NTB SCANPIX/GRANGER/REX.

(direita) PORTRAIT OF JOHN RUSKIN AS A YOUNG MAN. FROM THE WATER-COLOUR BY G. RICHMOND, R.A. CIRCA 1843 / WELLCOME IMAGES.

P. 44: (acima à direita) THE INTERNET ARCHIVE.

(centro) BENJAMIN BRECKNEL TURNER/ © VICTORIA AND ALBERT MUSEUM, LONDRES.

(abaixo) O PALÁCIO DE CRISTAL NO HYDE PARK PARA A GRANDE EXPOSIÇÃO INTERNACIONAL DE 1851 / DOMÍNIO PÚBLICO / WIKIPEDIA COMMONS CCO

P. 45: (acima à direita) © THIERRY LE MAGE/ MUSÉE DU SECOND EMPIRE/ CHÂTEAU DE COMPIÈGE / DOMÍNIO PÚBLICO / WIKIPEDIA COMMONS CCO

(centro) VUE DES HALLES DE PARIS DEPUIS L'ÉGLISE SAINT EUSTACHE. FELIX BENOIST 1870 / DOMÍNIO PÚBLICO / WIKIPEDIA COMMONS CCO

P. 46: (fundo) CRISTAL PALACE GENERAL VIEW FRON WATER TEMPLE / DOMÍNIO PÚBLICO / WIKIPEDIA COMMONS CCO

P. 47: (centro à esquerda) CRYSTAL PALACE /LONDON NEWS JOURNAL / NOTICIA DE JORNAL / DOMINIO PUBLICO.

(centro à direita) MOEDA COMEMORATIVA DE 1854 / DOMÍNIO PÚBLICO / WIKIPEDIA COMMONS CCO

P. 48: (fundo) ALAMY / FOTOARENA.

P. 49: (acima à direita) PEQUENO TRECHO DO LIVRO CARPENTRY MADE EASY. THE SCIENCE AND THE ART OF FRAMING, BY WILLIAM E. BELL. HOWARD CHALLEN, 1858./ DOMÍNIO PÚBLICO

(acima à direita ao fundo) © 2020 NATIONAL BUILDING MUSEUM.

(abaixo) CITY CHICAGO / THE HISTORY COLLECTION / ALAMY / FOTOARENA

P. 50: (fundo) CHICAGO IN FLAMES LITHOGRAPH BY CURRIER & IVES / LIBRARY OF CONGRESS.

P. 51: (ícone) THENOUNPROJECT.COM.

(centro à esquerda) PITSBURGO, PENSILVÂNIA, EUA, ANDREW CARNEGIE / DOMÍNIO PÚBLICO / WIKIPEDIA COMMONS CCO

(centro à direita) MAP SHOWING THE BURNT DISTRICT IN CHICAGO / LIBRARY OF CONGRESS / WIKIPEDIA COMMONS CCO

(abaixo ao centro) CHICAGO ARCHITECTURE CENTER.

P. 52: (acima à esquerda) OS CONSTRUTORES, 1950, ÓLEO SOBRE TELA, 299,8 X 200 CM, FERNAND LÉGER / MUSÉE NATIONAL FERNAND LÉGER/ © LÉGER, FERNAND/ AUTVIS, BRASIL, 2022

P. 132: (fundo) © WRIGHT, FRANK LLOYD/ AUTVIS, BRASIL, 2022.

(centro, acima à esquerda) KRISTOPHER MCKAY/ © 2017 FRANK LLOYD WRIGHT FOUNDATION, SCOTTSDALE, AZ/ © WRIGHT, FRANK LLOYD/ AUTVIS, BRASIL, 2022.

(centro, abaixo à esquerda) © WRIGHT, FRANK LLOYD/ AUTVIS, BRASIL, 2022. PETER HORREE/ALAMY/FOTOARENA.

(abaixo à direita) LIBRARY OF CONGRESS / ALAMY / FOTOARENA

P. 133: (acima à direita) CAPA DO LIVRO THE INTERNATIONAL STYLE DE HENRY-RUSSELL HITCHCOCK AND PHILIP JOHNSON. THE NORTON LIBRARY: NORTON, 1966.

(centro à esquerda) EVAN-AMOS/ © WRIGHT, FRANK LLOYD/ AUTVIS, BRASIL, 2022. DANHUSSEYPHOTO/SHUTTERSTOCK.

(abaixo à direita) SHUTTERSTOCK.

P. 134: © F.L.C/ AUTVIS, BRASIL, 2022.

P. 135: (acima à direita) © F.L.C/ AUTVIS, BRASIL, 2022.

(centro à esquerda) © F.L.C/ AUTVIS, BRASIL, 2022.

(abaixo à esquerda) © F.L.C/ AUTVIS, BRASIL, 2022.

(abaixo à direita) GRANGER, NYC. / ALAMY/ FOTOARENA.

P. 136: (centro à esquerda) © FLC/ ADAGP/© F.L.C/ AUTVIS, BRASIL, 2022.

(centro) © FLC/ ADAGP/ © F.L.C/ AUTVIS, BRASIL, 2022

P. 137: (centro à esquerda) © FLC/ ADAGP/ © F.L.C/ AUTVIS, BRASIL, 2022.

(fundo) © F.L.C/ AUTVIS, BRASIL, 2022. ORONOZ/ALBUM/FOTOARENA.

(abaixo à esquerda) BNA PHOTOGRAPHIC/ALAMY STOCK PHOTO/FOTOARENA.

P. 138: (acima à esquerda) LIBRARY OF ARCHITECTURE AREA OF THE ARTS SECTION "ENRICO MATTIELLO".

(centro) © FLC/ ADAGP/ © F.L.C/ AUTVIS, BRASIL, 2022.

(abaixo à direita) DOVER PUBLICATION.

P. 139: (acima à esquerda) © F.L.C/ AUTVIS, BRASIL, 2022.

(acima ao centro) © FLC/ ADAGP/ © F.L.C/ AUTVIS, BRASIL, 2022.

(acima à direita) © FLC/ ADAGP/ © F.L.C/ AUTVIS, BRASIL, 2022.

(centro, à esquerda) VILLA ROCHE, AXONOMETRIC - PARIS.

(centro, acima à direita) ARCHITECTURE DE COLLECTION.

(centro, abaixo à direita) © F.L.C/ AUTVIS, BRASIL, 2022.

P. 140: (fundo) © F.L.C/ AUTVIS, BRASIL, 2022. ARCHITECTURE2000/ALAMY/FOTOARENA.

(ícone) THENOUNPROJECT.COM

P. 141: (acima à esquerda) CEMAL EMDEN/ ARCHITECTURAL PHOTOGRAPHY/ © F.L.C/ AUTVIS, BRASIL, 2022.

(centro à direita) VILLA SAVOYE, POISSY 1928-31 / LE CORBUSIER (CHARLES-ÉDOUARD JEANNERET) AUTOR: GIUSEPPE NIFOSÌ / PUBLICAÇÃO ARQUITETURA DOS SÉCULOS XIX E XX U / DOMÍNIO PÚBLICO

(abaixo) THALYSON PRIMO/ © F.L.C/ AUTVIS, BRASIL, 2022 CRÉDITO: PETR SVARC/ ALAMY/ FOTOARENA / ALAMY / FOTOARENA.

P. 142: (faixa da esquerda) ARCHWEB/ © F.L.C/ AUTVIS, BRASIL, 2022.

(centro) CORBUSIER ARCHITECTURE & FURNITURE/ © F.L.C/ AUTVIS, BRASIL, 2022.

(centro, acima à direita) CORBUSIER ARCHITECTURE & FURNITURE.

(centro, abaixo à direita) © F.L.C/ AUTVIS, BRASIL, 2022.

(abaixo à direita) © F.L.C/ AUTVIS, BRASIL, 2022. PETR SVARC/ALAMY/FOTOARENA.

P. 143: (fundo) PALÁCIO DE CAPANEMA, PROJETO DE LUCIO COSTA, OSCAR NIEMEYER E AFFONSO EDUARDO REIDY, ENTRE OUTROS/ AUTVIS, BRASIL, 2022.

(acima à direita) LUCAS JORDANO DE MELO BARBOSA/ INSTITUTO ANTONIO CARLOS JOBIM - IAC/ © F.L.C/ AUTVIS, BRASIL, 2022.

(abaixo à esquerda) © FLC/ADAGP/ © F.L.C/ AUTVIS, BRASIL, 2022

P. 144: (acima à direita) YVONNE GALLIS, ESPOSA DE LE CORBUSIER / ROBERTO RONDINO

(abaixo à direita) Cartaz filme Femme / Fundation Le Corbusier - France-Paris

P. 145: (fundo) © F.L.C/ AUTVIS, BRASIL, 2022. MAURICE BABEY/AKG-IMAGES/ALBUM/FOTOARENA.

(acima à direita) © FLC/ADAGP/ © F.L.C/ AUTVIS, BRASIL, 2022.

(abaixo à esquerda) © FLC/ADAGP/ © F.L.C/ AUTVIS, BRASIL, 2022.

(abaixo central) MOEDA COMEMORATIVA MODULORr / WIKIPEDIA CREATIVE COMMONS / CC BY-AS 4.0

(abaixo à direita) HARVARD UNIVERISTY PRESS.

P. 146: (acima à direita) ETH ZURICH DEPARTMENT OF ARCHITECTURE GTA INSTITUTE

(centro à esquerda) PAPERS OF CORNELIS VAN EESTEREN, NETHERLANDS ARCHITECTURE INSTITUTE

(abaixo ao centro) LES ÉDITIONS DE MINUIT / CAPA DE LIVRO

P. 147: (acima à esquerda) © FLC/ADAGP/ © F.L.C/ AUTVIS, BRASIL, 2022.

(acima ao centro) TUMAR/SHUTTERSTOCK.

ILUSTRAÇÕES DA LINHA DO TEMPO

(abaixo à direita) BIBLIOTÈQUE NATIONALE DE FRANCE / WIKIMEDIA COMMONS CCO

P. 32: (abaixo à esquerda) NOUVEAU LAROUSSE / WIKIPEDIA COMMONS CCO

(abaixo ao centro) ARCHDUCHESS MARIA ANTONIA OF AUSTRIA, THE LATER QUEEN MARIE ANTOINETTE OF FRANCE, BY JOSEPH DUCREUX (1735-1802), 1769. PASTEL ON PARCHMENT, 64, 8 X 49,5 CM. CHÂTEAU DE VERSAILLE.

L'EXÉCUTION DE MARIE-ANTOINETTE. SEM INFORMAÇÕES SOBRE AUTORIA, DATA E LOCAL. A IMAGEM PUBLICADA NO LE FIGARO EM 2 DE MARÇO DE 2018.

(abaixo à direita) SCIENCE HISTORY INSTITUTE.

P. 33: (abaixo à esquerda) NAPOLEON I IN CORONATION ROBES, FORMALMENTE ATRIBUIDO A JACQUES-LOUIS DAVID (1748-1825), 1812. ÓLEO SOBRE TELHA, 2,56X 1,83 M. BEQUEATHED BY THE FOUNDERS JOHN AND JOSÉPHINE BOWES 1885. BOWES MUSEUM.

(abaixo à direita) THE PRINT COLLECTOR / MAIDUN COLLECTION / ALAMY / FOTOARENA

P. 34: (abaixo à esquerda) ART OF THE BOOK FRANKENSTEIN, PUBLISHED BY H. COLBURN AND R. BENTLEY, LONDON, 1931, P.43.

(abaixo ao centro) PARTITURA DA NONA SINFONIA DE LUDWIG VAN BEETHOVEN / WIKIPEDIA COMMONS CC BY-AS 4.0

BEETHOVEN-HAUS, BONN / WIKIPEDIA COMMONS CC BY-AS 4.0

(abaixo à direita) Petition for Abolishing Slavery / 1826 / THE PRINT COLLECTOR / ALAMY / FOTOARENA

P. 35: (abaixo à esquerda) VIEW FROM THE WINDOW AT LE GRAS / DE JOSEPH NICÉPHORE NIEPCE / WIKIPEDIA COMMONS CCO LICENSE

HERITAGE AUCTIONS / WIKIPEDIA COMMONS CCO LICENSE

(abaixo à direita) BUTTENHEIM, DPA/PICTURE-ALLIANCE / ALBUM / FOTOARENA.

P. 37: (abaixo à esquerda) DAGUERREOTYPE CAMERA 1839 / WIKIPEDIA COMMONS CCO LICENSE

(abaixo à direita) ADA JONES SENDING MORSE CODE IN 1918. SEM INFORMAÇÕES SOBRE O ACERVO / WIKIPEDIA COMMONS CCO LICENSE

USED BY 61957 2-LT DANIEL PATRICK REARDON, NZ FIELD ARTILLERY, WWI. COLLECTION OF AUCKLAND MUSEUM TAMAKI PAENGA HIRA / MUSEU MEMORIAL DE GUERRA AUCKLAND / WIKIPEDIA COMMONS CCO LICENSE

P. 38: (abaixo à esquerda) PHOTO, COPYRIGHTED, OF DAGUERREOTYPE BY SOUTHWORTH & HAWES, CA. 1850. BIBLIOTECA DO CONGRESSO DOS ESTADOS UNIDOS.

FREEPIK / SHUTTERSTOCK

(abaixo à direita) RETRATO DE KARL MARX / WIKIPEDIA COMMONS CCO LICENSE

RETRATO DE FRIEDRICH ENGELS / WIKIPEDIA COMMONS CCO LICENSE

P. 39: (abaixo à esquerda) HAROLD DORWIN, MUSEU NACIONAL DE HISTÓRIA AMERICANA, SMITHSONIAN INSTITUTION / MUSEU NACIONAL DE HISTÓRIA AMERICANA

(abaixo à direita) LA CAVALCATA DELLE VALCHIRIE, BY CESARE VIAZZI / WIKIPEDIA COMMONS CCO LICENSE

P. 42: (abaixo à esquerda) BESSEMER STEELMAKING PROCESS / SHUTTERSTOCK

(abaixo à direita) SAFETY ELEVATOR / BY ELISHA OTIS AND P.T. BARNUM AT THE 1854 WORLD'S FAIR HELD WITHIN THE CRYSTAL PALACE IN NEW YORK CITY

P. 43: (abaixo à esquerda) NA PENSILVÂNIA, EDWIN DRAKE PERFURA O PRIMEIRO POÇO DE PETRÓLEO DOS EUA / WIKIPEDIA COMMONS CCO LICENSE 4.0

(abaixo ao centro) A ORIGEM DAS ESPÉCIES, CHARLES DARWIN NO REINO UNIDO. SHUTTERSTOCK.

(abaixo à direita) RÉPLICA DA NO. 14 THONET BISTRO CHAIR / SHUTTERSTOCK.

P. 44: (abaixo à esquerda) CITY & SOUTH LONDON RAILWAY TRAIN. PRINT FROM ILLUSTRATED LONDON NEWS / WIKIPEDIA COMMONS CCO LICENSE

(abaixo à direita) COURTESY OF SCIENCE HISTORY INSTITUTE / WIKIPEDIA COMMONS CCO LICENSE

P. 45: (abaixo à esquerda) LE DÉJEUNER SUR L'HERBE / MUSÉE D'ORSAY / WIKIPEDIA COMMONS CCO LICENSE

(abaixo à direita) HERITAGE AUCTIONS.

P. 46: (abaixo à esquerda) ALEXSOL/SHUTTERSTOCK.

(abaixo ao centro) DYNAMITE / SHUTTERSTOCK.

(abaixo à direita) PIERRA E ERNEST / SHUTTERSTOCK.

P. 47: (abaixo à esquerda) MONTAGE OF TWO ILLUSTRATIONS SHOWING THE ROUTE OF THE NAUTILUS IN TWENTY THOUSAND LEAGUES UNDER THE SEA / WIKIPEDIA COMMONS CCO LICENSE

(abaixo ao centro) BANDEIRA FEDERAL E BANDEIRA COMERCIAL DA CONFEDERAÇÃO DA ALEMANHA DO NORTE / SHUTTERSTOCK.

IMPERIAL EAGLE OF THE GERMAN / AUTORIA DE DAVID LIUZZO / WIKIPEDIA COMMONS CCO LICENSE

(abaixo à direita) MÁQUINA DE ESCREVER SHOLES & GLIDDEN / WIKIPEDIA COMMONS CCO LICENSE 4.0

P. 49: (abaixo à esquerda) ALEXANDER GRAHAM BELL / WIKIPEDIA COMMONS CCO LICENSE 4.0

(abaixo ao centro) ANNA KARENINA BY LEO TOLSTOY. NEW YORK: MODERN LIBRARY / RANDOM HOUSE, N.D. MODERN LIBRARY EDITION. HARDCOVER, NO DATE / RARE BOOK CELLAR.

(abaixo à direita) VITALY RADUNTSEV/SHUTTERSTOCK

P. 50: (abaixo à esquerda) ORIGINAL EDISON INCANDESCENT BULB / SHUTTERSTOCK

(abaixo ao centro) MUSÉE RODIN, MEUDOM / GIMAS/SHUTTERSTOCK.

(abaixo à direita) NATIONAL WAR MUSEUM, EDINBURGH CASTLE

P. 51: (abaixo à esquerda) LOUIS PASTEUR / FOTOARENA / ALAMY

P. 92: (abaixo à esquerda) CHARLES RUSSELL DONATED THIS PHOTOGRAPH TO THE NATIONAL ARCHIVES AND RECORDS ADMINISTRATION / SCHUTTERSTOCK

(abaixo ao centro) RYTHMES SANS FIN, DE ROBERT DELANEY / MUSÉE NATIONAL D'ART MODERNE/ THE CENTRE POMPIDOU / WIKIPEDIA COMMONS CCO

(abaixo à direita) SOLOMON R. GUGGENHEIM MUSEUM, NEW YORK/ ADAGP, PARIS/ © SUCCESSION BRANCUSI/ AUTVIS, BRASIL, 2022.

P. 93: (abaixo à esquerda) COURTESY OF DUPONT.

COURTESY OF DUPONT.

(abaixo à direita) KODAK / STOCK FOTO / SHUTTERSTOCK.

P. 94: (abaixo à esquerda) CAPA DO LIVRO GUERRA CIVIL ESPANHOL A.

(abaixo à direita) ALAN TURING / SHUTTERSTOCK .

P. 95: (abaixo à esquerda) FIAT 500C TOPOLINO / ANDREW BONE / WIKIPEDIA COMMONS CCO

(abaixo à direita) CARTAZ OLIMPÍADA DE BERLIM / ALAMY / FOTOARENA

P. 96: (abaixo à esquerda) UNIVERSITY OF NORTH TEXAS, UNT DIGITAL LIBRARY / WIKIPEDIA COMMONS CCO

(abaixo à direita) GUERNICA, PABLO PICASSO / MUSEO NACIONAL CENTRO DE ARTE REINA SOFÍA / AUTVIS, BRASIL, 2022. TOMAS GUARDIA BENCOMO/ALAMY/FOTOARENA.

P. 97: (abaixo à esquerda) NATIONAAL ARCHIEF/SPAARNESTAD PHOTO / WIKIPEDIA COMMONS CCO

(abaixo à direita) WALT DISNEY PRODUCTIONS/ALBUM/ FOTOARENA / ALBUM / FOTOARENA.

P. 99: (abaixo à esquerda) DEUTSCHE TECHNIK MUSEUM BERLIN-KREUZBERG / WIKIPEDIA COMMONS CCO

(abaixo à direita) CARTOON NUCLEAR EXPLOSION, VECTOR ILLUSTRATION / SHUTTERSTOCK

P. 100: (abaixo à esquerda) LOS ANGELES TIMES / CAPA DO JORNAL

(abaixo à direita) METRO GOLDWIN-MAYER / WIKIPEDIA COMMONS CCO

P. 101: (abaixo à esquerda) ELZO FERRARI / WIKIPEDIA COMMONS CCO

 (abaixo à direita) LEICA / SHUTTERSTOCK

P. 102: (abaixo à esquerda) CAPA DO LIVRO PORQUE OS SINOS TOCAM / SCRIBNERS.

(abaixo ao centro) MUSEU MCDONALD'S

(abaixo à direita) HOLOCAUST MEMORIAL CENTER/ MICHIGAN'S HOLOCAUST MUSEUM / WIKIPEDIA COMMONS CCO

P. 103: (abaixo à esquerda) DAILY NEWS / CAPA DO JORNAL

(abaixo à direita) LIBRARY AND ARCHIVES CANADA.

P. 104: (abaixo à esquerda) BLACK PRESS / CAPA DE JORNAL.

(abaixo ao centro) PRIMEIRO COMERCIAL DE TELEVISÃO / © NBCUNIVERSAL MEDIA, LLC.

(abaixo à direita) RKO RADIO PICTURES, INC./ CARTAZ

P. 105: (abaixo à esquerda) JEEP WILLYS / © FCA US LLC. / WIKIPEDIA COMMONS CCO

(abaixo à direita) VIETNAMESE FLAG / STOCK ILUSTRAÇÃO

FLAG OF NORTH VIETNAM / SHUTTERSTOCK.

P. 106: (abaixo à esquerda) NATIONAL ARCHIVES AT COLLEGE PARK, WASHINGTON / WIKIPEDIA COMMONS CCO

(abaixo à direita) © ERNST, MAX/ AUTVIS, BRASIL, 2022. AKG-IMAGES/ALBUM/FOTOARENA.

P. 107: (abaixo à esquerda) CAPA DO LIVRO CASABLANCA / WARNER BROS. PICTURES.

(abaixo à direita) PENGUIN RANDOM HOUSE.

P. 108: (abaixo à esquerda) JEAN-PAUL SARTRE - STOCK ILUSTRAÇÃO.

CAPA DO LIVRO "O SER E O NADA" EDITORA: VOZES EDIÇÕES 70; 1ª EDIÇÃO (8 JANEIRO 2021), PORTUGUÊS, 748 P.

(abaixo ao centro) POLAROID CORPORATION.

(abaixo à direita) SELO COMEMORATIVO JACQUES-YVES COUSTEAU / PEREGRINE / ALAMY / FOTOARENA.

P. 109: (abaixo à esquerda) BIZZELL BIBLE COLLECTION, UNIVERSITY OF OKLAHOMA LIBRARIES / WIKIPEDIA COMMONS CCO.

(abaixo à direita) SÍMBOLO DA VITÓRIA SOVIÉTICA SOBRE A ALEMANHA / @ Yevgeny Khaldei / WIKIPEDIA COMMONS CCO.

P. 111: (abaixo à esquerda) ALBERT HOFMANN / WIKIPEDIA COMMONS CCO

(abaixo à direita) SELO NORMANDY / DIA D / SHUTTERSTOCK.

P. 112: (abaixo à esquerda) TETRA PAK.

(abaixo à direita) LIBRARY OF CONGRESS/ BIBLIOTECA DO CONGRESSO DOS ESTADOS UNIDOS.

P. 113: (abaixo à esquerda) U.S. FEDERAL GOVERNMENT.

(abaixo ao centro) LIGA ÁRABE / WIKIPEDIA COMMONS CCO.

(abaixo à direita) BENITO MUSSOLINI / @ Henri Roger-Viollet / WIKIPEDIA COMMONS CCO. –

P. 114: (abaixo à esquerda) VICTORY BOOGIE WOOGIE, DE PIET MONDRIAN / WIKIPEDIA COMMONS CCO.

(abaixo ao centro) ATOMIC CLOUD RISES OVER NAGASAKI, FOTOGRAFIA DE CHARLES LEVY / WIKIPEDIA COMMONS CCO.

(abaixo à direita) MINERVA FILM / CAPA DVD / ACERVO AO AUTOR

P. 115: (abaixo à esquerda) NATIONAL ARCHIVES AT COLLEGE PARK, WASHINGTON.

(abaixo à direita) ONU.

P. 116: (abaixo à esquerda)) EMBLEM OF VIETNAM, COAT OF ARMS OF VIETNAM / SHUTERSTOCK.

(abaixo ao centro) ENIAC / JOHN ECKERT E JOHN MAUCHLY / WIKIPEDIA COMMONS CCO.

(abaixo à direita) VOGUE / INVENÇÃO DO BIQUINI

P. 117: (abaixo à esquerda) LA CISITALIA 202 PININ FARINA DEL 1948 NEL MUSEO NAZIONALE DELL'AUTOMOBILE DI TORINO / WIKIPEDIA COMMONS CCO.

(abaixo à direita) POSTER DO FILME LADRÕES DE BICICLETA / CONTINENTAL / SHUTTERSTOCK

P. 118: (abaixo à esquerda) FUTURE GOVERNMENT OF PALESTINE ANNEX A PLAN OF PARTITION WITH ECONOMIC UNION / THE UN CARTOGRAPHIC SECTION / WIKIPEDIA COMMONS CCO

(abaixo à direita) U.S. FEDERAL GOVERNMENT / SHUTTERSTOCK

P. 119: (abaixo à esquerda) SELO COMEMORATIVO DE 1947 / TRATADO DE PAZ / WIKIPEDIA COMMONS CCO

(abaixo à direita) RETRATO DE HENRI CARTIER-BRESSON, fotografia de SAM TATA / HAYK SHALUNTS / ALAMY / FOTOARENA

P. 121: (abaixo à esquerda) CARTAZ PROPAGANDA IBM / IBM.

(abaixo à direita) APARTHEID MUSEUM IN JOHANNESBURG, SOUTH AFRICA. YOU RECEIVE THESE PASSES AT THE ENTRANCE / FOTOARENA.

P. 122: (abaixo à esquerda) FESTIVAL JAZZ NICE / VOYAGE FRANCE

(abaixo ao centro) NATIONAL POSTAL MUSEUM.

(abaixo à direita) FREEPNG / SHUTTERSTOCK

P. 123: (abaixo à esquerda) NOTAÇÃO 1 E 2, DE PIERRE BOULEZ / PAUL SACHER FOUNDATION, BASEL.

PIERRE BOULEZ GUEST CONDUCTOR AT THE CONCERTGEBOUW ORCHESTRA, 6 FEBRUARY 1963, BOULEZ, PIERRE / FOTOARENA.

(abaixo à direita) ELEANOR ROOSEVELT /FDR PRESIDENTIAL LIBRARY & MUSEUM /ALAMY / FOTOARENA

P. 124: (abaixo à esquerda) VINTAGE TV WITH NOISE ON SCREEN. IN B/W / SHUTTERSTOCK.

(abaixo ao centro) MAO TSÉ-TUNG / STOCK FOTO

(abaixo à direita) LOGO DA OTAN / SHUTTERSTOCK .

P. 125: (abaixo à esquerda) XEROX CORPORATION

(abaixo ao centro) NATIONAL TRIBUNE CORPORATION / CAPA DE JORNAL

(abaixo à direita) POSTER DE 1962 DO FILME RASHOMON, dirigido por Akira Kurosawa em 1950 / FOTOARENA.

P. 126: (abaixo à esquerda) CARTAZ THE RED ICEBERG /HERITAGE AUCTIONS /

(abaixo à direita) INDIA - CIRCA 1983: A STAMP PRINTED IN INDIA SHOWS JAWAHARLAL NEHRU (D. 1964), LONGEST SERVING PRIME MINISTER / SHUTTERSTOCK.

P. 127: (abaixo à esquerda) LITTLE, BROWN AND COMPANY/ @ J. D. Salinger/ MICHAEL MITCHELL.

(abaixo à direita) MUSEUM OF SCIENCE, BOSTON.

P. 128: (abaixo à esquerda) USINA NUCLEAR / WIKIPEDIA COMMONS CCO

(abaixo à direita) FOTOGRAFIA DE FULGÊNCIO BATISTA / WIKIPEDIA COMMONS CCO

P. 129: (abaixo à esquerda) MOLÉCULA DE DNA / WIKIPEDIA COMMONS CCO

(abaixo à direita) PHILLIP HARRINGTON / ALAMY / FOTOARENA.

P. 130: (abaixo à esquerda) Logo da Frente Nacional Libertadora da Argélia / SHUTTERSTOCK.

(abaixo à direita) BATERIA SOLAR INVENTADA EM 1954 POR BELL TELEPHOBES NOS ESTADOS UNIDOS / SHUTTERSTOCK.

P. 131: (abaixo à esquerda) PAN AM BOEING 707 / WIKIPEDIA COMMONS CCO

(abaixo à direita) SELO INVICCICLE VIETNAN / DDR - Deutsche Demokratische Republik / SHUTTERSTOCK .

P. 132: (abaixo à esquerda) BANDEIRA DO MARROCOS / SHUTTERSTOCK.

(abaixo à direita) CHATTANOOGA, TN / EUA - 101319: SHOWROOM DE MÓVEIS MODERNOS DE MEADOS DO SÉCULO/ FOTO STOCK / SHUTTERSTOCK.

P. 133: (abaixo ao centro) IBM / ALAMY / FOTOARENA

(abaixo à direita) VINTAGE EUROPEAN RED AND WHITE MOPED ON A WHITE BACKGROUND. 3D RENDERING / SHUTTERSTOCK

P. 135: (abaixo à esquerda) VADIMMMUS/SHUTTERSTOCK

(abaixo à direita) LIVRO DOCTOR ZHIVAGO, BORIS PASTERNAK / ACERVO DO AUTOR.

P. 136: (abaixo à esquerda) POSTER FILME MORANGOS SILVESTRES/ EVERETT COLLECTION / FOTOARENA.

(abaixo ao centro) AKG-IMAGES/JEAN THOLANCE/@ LES ARTS DÉCORATIFS, PARIS/ALBUM / ALBUM / FOTOARENA.

(abaixo à direita) EERO SAARINEN. TULIP ARMCHAIR (model 150) / SHUTTERSTOCK.

P. 137: (abaixo à esquerda) REABERTURA CANAL DE SUEZ / WIKIPEDIA COMMONS CCO

(abaixo ao centro) Logo NASA / SHUTTERSTOCK

(abaixo à direita) MISSEL NUCLEAR RUSSO / SHUTTERSTOCK.

P. 138: (abaixo à esquerda) DES MOINES ART CENTER, IOWA/ @ ROBERT RAUSCHENBERG FOUDATION/AUTVIS, BRASIL, 2022.

(abaixo ao centro) 20TH CENTURY FOX/ALBUM /FOTOARENA.

(abaixo à direita) PRACHAYA ROEKDEETHAWEESAB/SHUTTERSTCOK.

P. 139: (abaixo à esquerda) ENOVID / EVERESTE / FOTOARENA.

(abaixo à direita) SHAMLEY PRODUCTIONS/ALBUM/ FOTOARENA.

P. 140: (abaixo à esquerda) CHE GUEVARA / UNCLE LEO/SHUTTERSTOCK.

(abaixo ao centro) PICTURELUX / ALAMY / FOTOARENA.

(abaixo à direita) ENGLISH ROCK BAND THE BEATLES MUSIC ALBUM ON VINYL RECORD LP DISC. TITLED: YESTERDAY AND TODAY ALBUM COVER / SHUTTERSTOCK.

P. 141: (abaixo à esquerda) FOTOGRAFIA DE JOHN KENNEDY / SHUTTERSTOCK.

(abaixo à direita) VIROLOGIST ALBERT SABIN ON AMERICAN POSTAGE STAMP / SHUTTERSTOCK

P. 142: (abaixo à esquerda) MURO DE BERLIM / SHUTTERSTOCK.

(abaixo à direita) © ESTATE OF ROY LICHTENSTEIN/ © ESTATE OF ROY LICHTENSTEIN / AUTVIS, BRASIL, 2022.

P. 143: (abaixo à esquerda) © JAGUAR / SHUTTERSTOCK.

(abaixo à direita) CAPA DO LIVRO SILENCIO / WESLEYAN UNIVERSITY PRESS.

P. 144: (abaixo à esquerda) ALGERIA FLAG / SHUTTERSTOCK.

 (abaixo à direita) SHUTTERSTOCK.

P. 145: (abaixo à esquerda) CAMPBELL'S / ANDY WARHOLS / FOTOARENA.

(abaixo à direita) JAMES BOND / FAMOUS PHRASE WRITTEN WITH A CLASSIC MECHANICAL TYPEWRITER / STOCK FOTO.

P. 146: (abaixo à esquerda) MARTIN LUTHER KING JR. ON STAMP OF TOGO / SHUTTERSTOCK.

(abaixo à direita) CHICAGO TRIBUNE / CAPA DO JORNAL .

P. 147: (abaixo à esquerda) THE PICTURE ART COLLECTION / ALAMY / FOTOARENA

(abaixo à direita) NATIONAAL ARCHIEF, HOLANDA / BNA Photographic / ALAMY / FOTOARENA

P. 148: (abaixo à esquerda) SONDA RANGER 9 / NASA

RANGER 8 / NASA

(abaixo à direita) THE MONT BLANC TUNNEL. ITALIAN ENTRANCE / SHUTTERSTOCK

P. 149: (abaixo à esquerda) CARTAZ DO FILME A NOVIÇA REBELDE / ENTERTAINMENT PICTURES / ALAMY / FOTOARENA.

(abaixo à direita) MALCOM X / ED FORD/ LIBRARY OF CONGRESS

 REFERÊNCIAS

BANHAM, REYNER. *TEORIA E PROJETO NA PRIMEIRA ERA DA MÁQUINA.* 3. ED. SÃO PAULO: PERSPECTIVA, 2006.

BENEVOLO, LEONARDO. *HISTÓRIA DA ARQUITETURA MODERNA.* SÃO PAULO: PERSPECTIVA, 1998.

BENEVOLO, LEONARDO. *HISTÓRIA DA CIDADE.* SÃO PAULO: PERSPECTIVA, 2011.

BLASER, WERNER. *MIES VAN DER ROHE.* SÃO PAULO: MARTINS FONTES, 1994.

BOESIGER, WILLY. *LE CORBUSIER.* SÃO PAULO: MARTINS FONTES, 1998.

BOESIGER, WILLY; CORBUSIER, LE. *LE CORBUSIER ET SON ATELIER RUE DE SEVRES 35:* OEUVRE COMPLÈTE. 1910-65. ZURIQUE: LES EDITIONS D'ARCHITECTURE, 1966.

CAMPBELL, JOAN. *THE GERMAN WERKBUND:* THE POLITICS OF REFORM IN THE APPLIED ARTS. NEW JERSEY: PRINCETON UNIVERSITY PRESS, 1978.

CHAMPIGNEULLE, BERNARD. *PERRET.* PARIS: ARTS ET MÉTIERS GRAPHIQUES, 1959.

CHOAY, FRANÇOISE. *LE CORBUSIER.* NEW YORK: GEORGE BRAZILLER INC., 1960.

COHEN, JEAN-LOUIS. *LE CORBUSIER, 1887-1965:* THE LYRICISM OF ARCHITECTURE IN THE MACHINE AGE. KÖLN: TASCHEN, 2004.

COHEN, JEAN-LOUIS. *LE CORBUSIER:* AN ATLAS OF MODERN LANDSCAPES. NEW YORK: MOMA, 2013.

COHEN, JEAN-LOUIS. *O FUTURO DA ARQUITETURA DESDE 1889:* UMA HISTÓRIA MUNDIAL. SÃO PAULO: COSAC & NAIFY, 2013.

CONDIT, CARL W. *THE CHICAGO SCHOOL OF ARCHITECTURE:* A HISTORY OF COMMERCIAL AND PUBLIC BUILDING IN THE CHICAGO AREA, 1875-1925. CHICAGO: UNIVERSITY OF CHICAGO PRESS, 1964.

CORBUSIER, LE. *MY WORK.* LONDON: ARCHITECTURAL PRESS, 1960.

CORBUSIER, LE. *POR UMA ARQUITETURA.* 6. ED. SÃO PAULO: PERSPECTIVA, 2011.

CORBUSIER, LE. *THE MODULOR.* CAMBRIDGE, MASSACHUSETTS: MIT PRESS, 1954.

COWPER, CHARLES; DOWNES, CHARLES. *THE BUILDING ERECTED IN HYDE PARK FOR THE GREAT EXHIBITION OF THE WORKS OF INDUSTRY OF ALL NATIONS, 1851.* LONDON: HENRY HILDESLEY LTD., 1971.

EXPOSIÇÃO JOSEPHINE BAKER E LE CORBUSIER NO RIO: UM CASO TRANSATLÂNTICO. CURADORIA DE INTI GUERRERO E CARLOS MARIA ROMERO, 15 ABR.-17 AGO. 2014. RIO DE JANEIRO: MUSEU DE ARTE DO RIO, 2014.

FITCH, JAMES M. *AMERICAN BUILDING:* THE HISTORICAL FORCES THAT SHAPED IT. NEW YORK: SCHOCKEN BOOKS, 1977.

FITCH, JAMES M. **WALTER GROPIUS**. NEW YORK: GEORGE BRAZILLER INC., 1960.

FLETCHER, SIR BANISTER. A **HISTORY OF ARCHITECTURE**. 18. ED. NEW YORK: CHARLES SCRIBNER'S SONS, 1975.

FUNDAÇÃO SANTOS-DUMONT. POSICIONAMENTO SOBRE SANTOS-DUMONT E O RELÓGIO DE PULSO. 14 MAR. 2023.

GIEDION, SIGFRIED. **ESPAÇO, TEMPO E ARQUITETURA**: O DESENVOLVIMENTO DE UMA NOVA TRADIÇÃO. SÃO PAULO: MARTINS FONTES, 2004.

GIEDION, SIGFRIED. **LA MÉCANISATION AU POUVOIR**. PARIS: CENTRE GEORGES POMPIDOU/CCI, 1980.

GIEDION, SIGFRIED. **WALTER GROPIUS**: WORK AND TEAMWORK. NEW YORK: REINHOLD PUBLISHING CORP., 1954.

GRESLERI, GIULIANO (ORG.). **80 DISEGNI DI LE CORBUSIER**. BOLOGNA: EDIZIONI ENTE FIERE DI BOLOGNA, 1977.

GROPIUS, WALTER. **SCOPE OF TOTAL ARCHITECTURE**. NEW YORK: MACMILLAN COMPANY, 1974.

HITCHCOCK, HENRY R.; JOHNSON, PHILIP. **THE INTERNATIONAL STYLE**. NEW YORK: W. W. NORTON & COMPANY, 1966.

HOBHOUSE, CHRISTOPHER. **1851 AND THE CRYSTAL PALACE**: BEING AN ACCOUNT OF THE GREAT EXHIBITION AND ITS CONTENTS; OF SIR JOSEPH PAXTON; AND OF THE ERECTION, THE SUBSEQUENT HISTORY AND THE DESTRUCTION OF HIS MASTERPIECE. LONDON: E.P. DUTTON, 1937.

JENCKS, CHARLES. **LE CORBUSIER AND THE TRAGIC VIEW OF ARCHITECTURE**. 3. ED. CAMBRIDGE, MASSACHUSETTS: HARVARD UNIVERSITY PRESS, 1976.

JENCKS, CHARLES. **MOVIMENTOS MODERNOS EM ARQUITETURA**. LISBOA: EDIÇÕES 70, 1985.

LOWE, DAVID GARRARD. **LOST CHICAGO**. EDIÇÃO EXPANDIDA. CHICAGO: UNIVERSITY OF CHICAGO PRESS, 2010.

MUMFORD, LEWIS. A **CIDADE NA HISTÓRIA**. 5. ED. MARTINS FONTES, 2001.

NAYLOR, GILLIAN. **THE BAUHAUS**. LONDON: STUDIO VISTA LTDA., 1968.

NORBERG-SCHULZ, CHRISTIAN. **MEANING IN WESTERN ARCHITECTURE**. NEW YORK: PRAEGER PUBLISHERS, 1975.

PAWLEY, MARTIN. **LE CORBUSIER**. NEW YORK: SIMON & SCHUSTER, 1970.

PEVSNER, NIKOLAUS. **ORIGENS DA ARQUITETURA MODERNA E DO DESIGN**. SÃO PAULO: MARTINS FONTES, 2001.

PFEIFFER, BRUCE B. **FRANK LLOYD WRIGHT**: 1943-1959: THE COMPLETE WORKS. LOS ANGELES: TASCHEN, 2011.

SIEGEL, ARTHUR. **CHICAGO'S FAMOUS BUILDINGS**: A PHOTOGRAPHIC GUIDE TO THE CITY'S ARCHITECTURAL LANDMARKS AND OTHER NOTABLE BUILDINGS. 3. ED. CHICAGO: UNIVERSITY OF CHICAGO PRESS, 1980.

SULLIVAN, LOUIS HENRY. IN: MAGNUSSON, MAGNUS (ED.). CHAMBERS BIOGRAPHICAL DICTIONARY. LONDON: CHAMBERS HARRAP, 2007

TAYLOR, BRIAN B. **LE CORBUSIER ET PESSAC**. PARIS: SPADEM, 1972.

TREVELYAN, GEORGE MACAULAY. **HISTORY OF ENGLAND**. MILANO: GARZANTI LIBRI, 1962.

WEBER, NICHOLAS FOX. **LE CORBUSIER**: A LIFE. NEW YORK: ALFRED A. KNOPF, 2008.

WINGLER, HANS M. **BAUHAUS**. CAMBRIDGE, MASSACHUSETTS: MIT PRESS, 1978.

WULF, HERZOGENRATH. **50 YEARS BAUHAUS**: GERMAN EXHIBITION/SPONSORED BY THE FEDERAL REPUBLIC OF GERMANY; PREPARED BY THE WÜRTTEMBERGISCHER KUNSTVEREIN, STUTTGART, IN CONNECTION WITH THE BAUHAUS-ARCHIV, DARMSTADT; ORGANIZED BY THE INSTITUT FR AUSLANDSBEZIEHUNGEN, STUTTGART. TORONTO: ART GALLERY OF ONTARIO, 1969.